英国のEU離脱と EUの未来

須網隆夫＋21世紀政策研究所［編］

日本評論社

刊行に寄せて

　2016年6月23日、英国の国民投票によって決定された欧州連合（EU）からの離脱（Brexit）は国際社会に衝撃を与えた。投票結果は、離脱支持51.89％、残留支持48.11％という僅差であったが、EU首脳のみならず日本を含む各国の指導者が残留を求め、また国際通貨基金（IMF）等が離脱した場合の多大な経済的損失を警告する中での英国民の選択であった。

　英国はEU加盟当初より、欧州統合の深化に対して距離を置く姿勢を貫いてきた。かつて地球上の4分の1もの陸地を支配する大英帝国を築き、現在もエリザベス2世を君主とする英連邦王国を形成している英国にとって、統合をめざす欧州の一部であり続けるとの選択は難しかったのかもしれない。

　国民投票から9か月後の2017年3月29日、英国のメイ首相はEU離脱手続開始に向けたEU基本条約（リスボン条約）第50条発動の通知をトゥスクEU大統領に送った。この時から2年後の2019年3月29日を期限とする離脱交渉の時計の針が動き出したが、期限まで半年を切る今日、英国とEUとの交渉の現状はどうであろうか。

　日本経済団体連合会（経団連）は国民投票直後から数次に渡り日本経済界の考え方を提言として公表するとともに、私が委員長を務める経団連ヨーロッパ地域委員会に「英国のEU離脱に関する情報連絡会」を設置、英国・EUに調査団を派遣し情報の収集・共有に努めるなど、離脱プロセスにおける予見可能性を高め、離脱による経済への影響を最小限にとどめるべく活動を行ってきた。

本書は、そのような情勢下、経団連の公共政策シンクタンクである21世紀政策研究所が主宰した研究会「英国のEU離脱とEUの将来展望」において、政治・経済・法律の各分野のEU専門家による約1年半の研究会活動をまとめたものである。本書の最大の特徴は、Brexitに至る要因を、政治・経済・法律それぞれの観点から多面的に分析しているところにある。英国民による選択は一時の感情に左右された結果といった見方もあるが、本書を読むと、Brexitという選択が複合的な要因によるものであることがご理解いただけるであろう。

　また、本書はBrexit後の英国とEUの関係、及びEUの将来像についても論じているが、当然のことながらこれらは本書執筆時点における検討内容である。現在進行形の離脱交渉及びその後の将来枠組みの行方に大きく左右される課題であり、本研究会における今後の継続的な検討を踏まえた続編にも期待したい。

　本書における幅広い検討は、先の見通せないBrexitに対し、過去の事象だけでなく今後の交渉結果についてもこれを正しく読み解くための視座を与えてくれるものであり、英国・EUでビジネスを行う日系企業関係者のみならず、広く英国・EUを含む国際情勢に関心を持つ方々の助けになるものと考える。

　最後に、本研究主幹である早稲田大学大学院法務研究科の須網隆夫教授をはじめとした研究員の皆様、及び本研究にご協力いただいた方々に改めて感謝申し上げるとともに、本研究の成果を今後の経団連ヨーロッパ地域委員会の活動にも活かしていきたい。

2018年10月

住友生命保険相互会社　取締役会長　代表執行役
日本経済団体連合会　ヨーロッパ地域委員長

佐藤　義雄

〈目次〉『英国のEU離脱とEUの未来』

刊行に寄せて　i
はじめに　vii

■序　章■
Brexit 交渉の経緯と論点
――経緯の整理と本書の論点　1

　　　　　　　　　　　　　　　　　　　　　渡邊 頼純

1. はじめに　1
2. 「離脱交渉」の展開　4
3. Brexit 交渉「前半戦」を終わって　13

第1部　Brexit はなぜ起きたのか

■第1章■
EU と構成国の法的権限
――EU による行き過ぎた権限行使と主権の回復？　19

　　　　　　　　　　　　　　　　　　　　　中西 優美子

1. はじめに　19
2. 権限の移譲を躊躇する英国　21
3. EU 機関による行き過ぎた権限行使？　24
4. 主権の核にまで影響を及ぼす権限移譲？　30
5. EU への加入と構成国の権限行使の制限　32
6. 脱退と再加入　38
7. おわりに　39

■第2章■
EU単一市場と英国のEU離脱
―― Brexitの中心にある域内市場　41
.... 須網　隆夫

1. はじめに――なぜ「単一市場」に注目しなければならないのか　41
2. 域内市場と国内市場　42
3. 域内市場に内在するBrexitを生じさせた要因　50
4. おわりに　63

■第3章■
世界金融危機とユーロ危機　65
.... 伊藤　さゆり

1. はじめに　65
2. 世界金融危機の影響　66
3. ユーロ危機の影響　70
4. EU離脱と英国経済　74
5. おわりに　80

■第4章■
移民問題とメディア政治　83
.... 土谷　岳史

1. 英国とEU市民・移民・難民　83
2. 英国の戦後移民政策　85
3. 英国における移民問題の争点化とEU　87
4. 国民投票と移民問題　91
5. EU離脱とメディア　95

■第5章■
英国労働市場の変化と増大する中下層の固定化　109
.... 太田　瑞希子

1. はじめに　109
2. 投票行動による分類　110

3. 労働市場と賃金　113
4. 移民と労働市場　120
5. 所得税制の変化　124
6. おわりに　127

第2部　Brexit後の英国・EU関係とEUの未来

■第6章■
EUが掲げる脱退協定案　133

…… 中西　優美子

1. はじめに――脱退条項（EU条約50条）　133
2. 脱退協定案　135

■第7章■
Brexit後の英国とEUの関係　141

…… 渡邊　頼純

1. 考え得る枠組み協定　141
【追補1】　147
【追補2】　英国政府「離脱白書」の概要とEUの反応　148

■第8章■
Brexit後の英国金融機関とEUの関係　167

…… 太田　瑞希子

1. はじめに――EU金融市場とEEA　167
2. 単一パスポート制度　168
3. 同等性評価　170
4. 離脱後の選択肢　173
5. EUによる第三国CCPに対する監督強化　176
6. 在英国金融機関の動き　178
7. おわりに　179

■第9章■
Brexit以後の欧州政治情勢とEU改革の行方 183
.... 福田 耕治

1. はじめに　183
2. 欧州懐疑主義から英国EU離脱の国民投票と欧州各国政治への影響　185
3. 欧州委員会「欧州の将来に関する白書」とEU改革のシナリオ　200
4. おわりに　207

おわりに　215

はじめに

　2018 年 7 月 17 日、日本は、EU との間で、経済連携協定（EPA）と戦略的パートナーシップ協定（SPA）を締結した。これらの協定の発効により、日 EU 関係は、経済・政治の両面で、法的により緊密な新たな段階に入る。外務省が公表している 2016 年の経済統計によれば[1]、日本と EU の GDP 合計は世界の 28.4％を占め、日本・EU の貿易額合計は、世界貿易の 36.8％に達する。同様に対外直接投資に関しても、日本の投資額において、EU への投資額は中国への投資額のほぼ 3 倍であり、アメリカに次ぐ。日本への対内直接投資を見ても、EU からの投資は、アメリカからの投資を上回り首位を占める。このように、日 EU の経済関係は、日本経済にとって重要であるだけでなく、世界経済の一つの柱でもある。

　その EU が、英国の EU 離脱（Brexit）で揺れている。英国は、2016 年 6 月の国民投票で、EU からの離脱を決定した。1952 年の欧州石炭鉄鋼共同体（ECSC）設立以来、現在の EU にまで至る欧州統合の過程は、紆余曲折を経ながらも、加盟国数に関しては一貫して右肩上がりで推移し、現在も少なからぬ欧州諸国（トルコを含む）が EU への加盟を申請している。そのため、リスボン条約で EU からの自主的な脱退に関する規定（EU 条約 50 条）が新たに挿入された際にも、今回の英国の離脱決定に至るまで、その規定が現実に使用される事態が発生するとは誰も予想していなかった。加盟国にとって、EU への加盟とは、後戻りできない一方通行の道であると考えられていたのである。しかし、Brexit により、そのような前

---

1) See https://www.mofa.go.jp/mofaj/files/000091915.pdf.

提は崩れ去った。その意味で、今回のBrexitは、ヨーロッパだけでなく、世界の多くの人々にとって晴天の霹靂であるだけでなく、今後のEUの在り方にも大きな影響を及ぼす可能性を内包している。Brexit後の英国とEUは、どのような関係を構築するのかとともに、Brexit後のEUは、果たして、Brexit前のEUと同じでいられるのだろうかという問いに、われわれは直面しているのである。

このような問題意識を背景に、21世紀政策研究所「英国のEU離脱とEUの将来展望」研究会（研究主幹・須網隆夫）は、政治・経済・法律各分野のEU専門家を集めて2017年1月に発足し、以後ほぼ毎月、研究会を開催して、各観点から、Brexitの諸側面を明らかにすることに努めてきた。EUは、欧州統合という政治的目的を、経済的発展を主軸にしながら、法的手段によって達成しようとする地域的国際組織である。したがって、EUにかかる問題は、重点の相違はあるにせよ、いずれも複眼的な視点から解明しなければならないからである。

Brexitは、EUそして世界に様々な課題を投げかけているが、EUと英国のBrexit交渉は現在進行中の事象であり、離脱後の英国とEUの関係がどのように設定されるかは、未だに不透明である。そのため、研究会では、まずBrexitを引き起こした要因に注目し、毎回の研究会では、テーマを分担した委員の報告に基づく討議を積み重ねて、Brexitにアプローチするとともに、委員がカバーできないテーマ（EUの主要加盟国の政治動向など）については外部講師の力をお借りした。

本書は、このようにして、これまで1年半継続してきた研究会活動のまとめであり、21世紀政策研究所が、2018年7月に公表した報告書「英国のEU離脱とEUの未来〜英国は何故EUからの離脱を選択したのか〜」を基にしている。前述のようにBrexitは、進行中の事態であるために、本書は、具体的には、二つの課題に取り組んでいる。

第1部のテーマは、Brexitを引き起こした要因の解明である。英国の国民投票まで、多くの人があり得ないと思っていたBrexitがなぜ実現してしまったのであろうか。Brexitは、特殊英国的な要素に基づく英国に限定された現象であるのか、それとも各加盟国に共通する普遍的な要因に

起因する現象であるのだろうか。もし英国にとどまらず、より普遍的な要因に基づいて英国の離脱が生じたのであれば、今後、別の加盟国が離脱を決定する可能性を否定できないことになる。EU 離脱がさらに拡大し、第二・第三の Brexit が発生すれば、EU の将来はより不透明になり、EU 全体を対象とする日本企業のビジネスへの影響は甚大なものとなる。EU の将来を論じるためには、Brexit を生じさせた要因の解明が、全ての出発点とならざるを得ないのである。引き続く第 2 部のテーマは、Brexit 後の英国・EU 関係と今後の EU 改革の方向性である。第 1 部のテーマと異なり、第 2 部のテーマはどちらも現在進行中である。離脱後の英国・EU 両者間の関係には、両者間の交渉の進展に伴って明らかになってきている部分もあるが、両者の立場の隔たりはなお大きく、本書執筆時点（2018 年 8 月）では、依然として着地点は見い出せていない。将来の英国・EU 関係は、ヨーロッパ地域全体のビジネス戦略にとどまらず、日本企業の世界戦略にも影響するため、本書では、現時点までに明らかとなっている内容から、両者間の将来の関係に関する検討を準備する。さて Brexit は、EU が自らの在り方を問い直す機会をも作り出した。英国における国民投票の結果が、英国民が EU に突き付けた厳しい批判である以上、EU に内在する問題点のために Brexit が生じてしまったのではないかという問題意識が生じることは当然であり、そのため EU 内部から、今後の EU の方向性を再検討しようとする EU 改革の議論が生まれてくる。英国以外の多くの加盟国でも、EU 懐疑派の政治勢力が力を増していることも、そのような議論の背景である。そこで本書では、英国以外の各加盟国の政治情勢を検討した上で、欧州委員会が提案した EU 改革のシナリオを検討している。欧州委員会の政策が、常に実現するわけではないが、EU の行政・執行機関である欧州委員会の動向は、EU の方向性に少なからぬ影響を及ぼす。今後、活発になると思われる EU の将来をめぐる議論の出発点として、委員会の考え方を確認しておく意義は小さくないだろう。

　以上の課題に応えるために、本書は、まず序章では、国民投票による離脱決定から、2017 年 3 月の英国政府の離脱通告、その後の離脱交渉の進展と交渉が直面する困難を確認し、後半戦の交渉を展望する。

そして第1部では、Brexit を引き起こした要因を政治、経済、法律の各観点から分析する。第1部は、本書の中心部分であり、具体的には、EU の基礎である加盟国から EU の国家主権の移譲の実質・意味（第1章）、EU を支える域内市場自体がはらむ構造的問題（第2章）から始め、金融危機・ユーロ危機の EU 経済・英国経済への影響（第3章）、さらに離脱の是非を問う国民投票において主要な争点となった移民問題（第4章）、国民投票結果にも示された英国内に生じている経済格差の拡大（第5章）が、それぞれ詳細に検討されている。そこからは、EU の根幹をなす域内市場、域内市場を完成させるために政治的に導入された共通通貨ユーロ、域内市場により実現した EU 加盟国国民の自由移動が、加盟国の主権を制限する一方で、必ずしも、全ての人々の幸福を実現できておらず、英国国内で所得格差と不公平感を拡大させていた事情が明らかになっている。総じて、Brexit が、特殊英国的な状況とともに、必ずしも英国に限られない加盟国共通の状況・EU に内在する構造的要因に起因した現象であったことが理解できる。

　第2部は、Brexit 後の英国と EU の関係・EU 改革の行方についての検討であり、今後の EU 情勢を見極めるための視点を提供している。具体的には、EU が提案し現在議論されている、英国の脱退を実現するための脱退協定案の内容（第6章）、次いで英国離脱後の英国・EU 関係の在り方につき、そもそもどのような選択肢があり得るのか（第7章）、そして、特に Brexit 後の変化が注目される金融市場の将来（第8章）が、それぞれ分析されている。脱退協定案の内容は、加盟国の離脱に際して、何が解決されるべき課題であったかを示し、離脱後の英国・EU 関係に関するこれまでの交渉は、第7章が明らかにした選択肢の間を揺れ動いている。そして、離脱により EU・英国関係がどのように変化するのかを、金融市場を例として読み解こうとする（第8章）。そして最後に、英国を始め、EU 各国で見られる欧州懐疑派・ポピュリズムの台頭を、英国の国民投票後の各国での総選挙の動向を概観するとともに、今後の EU の方向性を、欧州委員会が 2017 年 3 月に公表した「欧州の将来に関する白書」、同年 9 月のユンカー欧州委員会委員長の「一般教書演説」から読み解こうとする（第

9章)。

　そして、「おわりに」で、全体を簡潔に総括する。

　本書は、研究委員全員と21世紀政策研究所の共同作業の成果である。同研究所の研究員を含む研究会メンバーに加えて、多くの方々に議論に参加いただいたことにより、充実した検討を行うことができたと思う。この場を借りて、研究会にご協力いただいた皆様に、厚く御礼申し上げる。本書が、EUに関心を持つ多くの方にとり、Brexitを理解する一助となれば幸いである。

　なお、本書は、21世紀政策研究所の研究成果であり、経団連の見解を示すものではない。

2018年10月

須網 隆夫

英国のEU離脱とEUの未来

序章　Brexit交渉の経緯と論点
―― 経緯の整理と本書の論点

慶應義塾大学総合政策学部教授　渡邊 頼純

1.　はじめに

　2016年は歴史に残る二つの大きな決定が投票という民主的手続によって下された年であった。一つは11月6日の米国大統領選挙でそれまで全く政治活動の経験がなかったドナルド・トランプ氏が第46代米国大統領に選出されたことであり、もう一つはその約半年前に遡るが、6月23日に英国市民が国民投票を通じてEU（欧州連合）からの離脱を選択したことである。いずれも多くの専門家達がその逆の結果を予想していただけに、これら二つの国際政治上の「番狂わせ」はその後の混乱の原因となり、国際ビジネスの世界においては不確実性を増大させ、予見可能性を著しく低下させている。

　英国は19世紀から20世紀初頭にかけて、また米国は第二次世界大戦以降、それぞれPax Britanica、Pax Americanaと呼ばれる覇権体制を構築してきた覇権国である。奇しくもその両国が、国家主権を国際協調や国際統合のために制限することを拒否する方向に大きく舵を切ったことは21世紀前半の国際政治に重大な影響を及ぼしつつある。

　より具体的に見てみよう。国際統合は国際協力の多年の積み重ねの結果であり、その所産である。その意味で「国際統合は究極の国際協力である」と言えよう。トランプ大統領は就任直後の2017年1月23日に、選挙キャンペーン中の公約通りTPP（環太平洋パートナーシップ協定）からの離脱を実行した。TPPはアジア太平洋12か国で困難を極めた交渉の結果、

2015年10月に合意され、翌年2月に署名までされた21世紀型FTA（自由貿易協定）のひな形であった。トランプ氏と大統領選で競り合った仇敵のヒラリー・クリントン女史の表現を借りれば、TPPはまさに「ゴールデン・スタンダード」として世界貿易を刷新する可能性を秘めた多国間ルールになるはずであった。トランプ大統領はそのTPPを米国の国益にとって、そして米国の労働者にとって「悪い取極めだ」と言って切り捨てた。

国益優先の「アメリカ、ファースト」の連呼の中で、究極の国際協力としてのアジア太平洋地域の市場統合は頓挫し、その影響を受けてRCEP（東アジア包括的経済連携）交渉や日中韓FTA交渉などその他の統合の動きもモメンタムを失ってしまった感がある。その後日本は米国なき後のTPPを何とかまとめ上げ、TPP11として発効させようと外交努力を重ね、2018年3月には署名まで辿り着いたが、米国がTPPに復帰するかどうかは本稿執筆の時点（2018年5月上旬）では未知数である。

では英国のEU離脱はどうか。英国の場合も「離脱派」は狭い意味での英国の「国益」重視であり、「EUに奪われつつある」と彼らが考える英国の国家主権を取り戻すことにその主眼があった。表向きの理由は「移民」であったり、ブリュッセルの官僚主義であったり、EU司法裁判所の管轄権の問題だったかもしれないが、本質的問題は国家主権をどの程度まで究極の国際協力としての欧州統合に委ねるかということであった。

1975年以来、実に40年ぶりに行われた国民投票の結果は、4,650万1,241人の有権者のうち、1,741万742票（51.9％）が"Leave"（離脱）を選択し、1,614万1,241票（48.1％）が"Remain"（残留）に投票し、3.8ポイントの差で離脱が残留を上回った。投票率は72.2％で、1975年の国民投票時の64.5％を上回っており、1992年の総選挙以来最高の投票率となった。

遠藤乾がその著書の中で紹介しているアッシュクロフト卿の調査によれば、「離脱」に投票した主な理由は、①英国に関する決定は英国で取られるべきだという原則、②（EUから離脱すれば）英国が移民や国境の管理を取り戻せる、③残留すると、EUのメンバー・権能拡大にほとんどまったく選択肢をもてない、の三つである。これを遠藤は、①主権や自決、②移民制限、③EUをめぐる選択不能性、と整理している[1]。

英国は1973年にアイルランドやデンマークと共に「欧州経済共同体」（EEC）に加盟した。英国を米国の「トロイの木馬」と見るフランス大統領ド・ゴールは英国のEEC加盟に強く反対していた。このためド・ゴールが大統領の座を降りるまで英国はEECに参加することはできなかった。

　そもそも英国は戦後大陸側の西欧諸国で進行中であった統合の動きに対して一定の距離を置いていた。1952年に「欧州石炭鉄鋼共同体」（ECSC）が設立された際にはこれに参加せず、1958年にEECがスタートした際にもこれに加盟することはなかった。それどころか、英国はまるでEECに対抗するかのように「欧州自由貿易連合」（EFTA）を主導して1960年に創設、かくして当時はEECのことを"Inner Six"（内なる6か国）、EFTAのことを"Outer Seven"（外なる7か国）と呼ぶような状況に至ったのである。

　EECとEFTAはどこが違うのか？　その違いは今回の英国のEU離脱（以下、Brexit）を考える上でも示唆的である。両者は共に経済統合の類型であるが、EECが関税同盟（Customs Unioin）であるのに対し、EFTAは自由貿易地域（FTA）である。それでは、関税同盟とFTAの違いはどこにあるのか。どちらも域内の構成国間の関税を撤廃し、貿易を完全自由化するところまでは共通している。その違いは、関税同盟が域内構成国の対外貿易政策を統一して対域外では「対外共通関税」を設定するのに対し、FTAの方は域内の関税撤廃に留まり、域外に対しては域内構成国それぞれ独自の関税を維持し、それぞれに固有の通商政策を維持する。国家主権の重要な一部を成す経済主権の一つである「関税自主権」について関税同盟では構成国はこれを放棄するが、FTAではこれを維持する点で関税同盟とFTAには大きな相違点がある。

　このように欧州統合のいわば出発点において、英国と大陸側の西欧諸国との間には統合の態様（モダリティ）を巡って大いなる不一致があったわけである。その不一致が英国のEEC加盟以来の43年という時間の経過

---

1) 遠藤乾『欧州複合危機——苦悶するEU、揺れる世界』（中公新書、2016年）98-100頁。アッシュクロフト卿の調査結果は、http://lordashcroftpolls.com/2016/06/how-the-united-kingdom-voted-and-why/ を参照。

の中で解消するどころかむしろ増幅されてしまい、1975年の国民投票においては、「残留」への投票率が67.2％、「離脱」への投票率が32.8％と、約35％の大差をつけて「残留」が勝利したのに、2016年の国民投票では4％弱の僅差で「離脱」が「残留」を凌駕したのである。まさに英国はEFTA創設の頃の英国に「先祖返り」したと見ることもできよう。

本稿執筆の時点で、英国とEUは将来の経済関係に関する何らかの協定を締結すべく「第二段階」の交渉に入っている。「離婚協定」(Divorce Agreement) とも呼ばれる第一段階の「脱退協定」については2017年末までに「十分な進展」があったとして第二段階に移行することで合意がなされたものの、アイルランド・北アイルランド間の国境をめぐる問題などセンシティブなイッシューについては完全な合意が形成されたとは言い難い状況にある。

以下では、第一段階の交渉経緯を概観し、その上で第二段階以降の英国・EU間の「将来の関係」に関する交渉がどのように進展するのか、展望することと致したい。

2.「離脱交渉」の展開

(1) 国民投票から交渉開始まで(2016年6月23日から2017年6月19日まで)

英国市民の国民投票の結果を受けて、国民投票の「立役者」であったデービッド・キャメロン首相（当時）は直ちにその責任をとって辞任し、2016年7月13日にはテリーザ・メイ前内相が首相の座に就いた。メイ首相は"Brexit means Brexit"という有名な発言で、Brexitが最終的にどのような形になるかについては明らかにすることは避けつつ、自らが所属する保守党内の「強硬派」(Hard Brexiters) と「穏健派」(Soft Brexiters) の間のバランスをとる党内調整に腐心した。前者の代表格がボリス・ジョンソン外相（2018年7月9日辞任）やデービッド・デービスBrexit担当大臣（2018年7月8日辞任）、後者はフィリップ・ハモンド蔵相やアンバー・ラッド内相（2018年4月29日辞任）が主要メンバーである。Brexit交渉を行う英国側のチームは強硬派によって占められており、Brexit担当大

臣はデービス、それにジョンソン外相とリアム・フォックス貿易相が加わることになった。

　これに対するEU側は欧州委員会（The European Commission）が交渉を担当するが、その首席交渉官にミシェル・バルニエ元フランス外相が10月1日に就任した。また、EU加盟国間の国益の調整を行う欧州理事会（The European Council）においても、各国外相からなる総務閣僚理事会（The General Affairs Council）が「Brexit 作業部会」を設置し、交渉のガイドライン、交渉指令の採択、首席交渉官の指名などを行うこととなった。さらにEU内の民主的コントロールの役割を担う欧州議会（The European Parliament）も「Brexit ステアリング委員会」（The Brexit Steering Committee）を設置し、閣僚理事会や欧州委員会に対して提言を行うこととした。

　メイ首相は2016年10月の保守党大会で「遅くとも2017年3月末までに欧州連合条約（リスボン条約）第50条に基づいて離脱手続の開始をEUに通告する」と宣言、いよいよ英国とEUとの離脱交渉開始が現実味を帯びてくる。2019年5月には欧州議会の選挙が予定されており、また、その時点では英国の総選挙も2020年5月に行われることが想定されていたからである。リスボン条約第50条では「（離脱に関する協定を締結できない場合には、）離脱の意図の通告から2年で離脱する国へのEU法の適用は停止する」と規定されており、この交渉期限の2年間を逆算すると英国とEUの双方にとって「2017年3月末」がぎりぎりのタイムリミットであるとの見方が一般的であった[2]。

　2017年1月に入るとメイ首相は19日の「ランカスター演説」の中でBrexit 交渉の優先項目を明らかにし、それらは2月2日に発表された「Brexit 白書」の中に盛り込まれている。その主要点は、①単一市場・関税同盟からの離脱、②EU司法裁判所（ECJ）管轄権の受け入れ拒否、③

---

2) 木村正人『欧州絶望の現場を行く――広がるBrexitの衝撃』（ウェッジ、2017年）115頁。なお、リスボン条約第50条第3項は次のように規定している。「協定を締結できない場合、欧州理事会が全会一致で交渉延長を決めない限り、通知から2年後にその国へのEU法の適用を停止する。」

主権の完全な回復、④「悪い合意よりは合意がない方がまだまし」(No deal is better than a bad deal)、⑤離脱交渉と将来の対EU関係を同時に交渉するなどである。これらの基本方針を踏まえ、メイ首相は3月29日に欧州理事会に対し正式に英国のEU離脱の意思を通告し、交渉期間の2年間という時間を刻む時計がついにスタートした。

EU側も着々と対英国交渉の準備を進める。2017年3月31日、欧州理事会のドナルド・トゥスク常任議長が交渉ガイドラインを提案、4月29日にはこれが欧州理事会で採択される。その主要点は、①交渉の目標はEU統合の維持にある、②「一括受諾（シングル・アンダーテーキング）の原則」で交渉に臨む、③第一段階と第二段階に交渉プロセスを分割し、前者では緊急性の高い問題について可能な限りの明確性と法的確実性を提供すべく交渉する、といった内容であった。続いて、5月27日には欧州理事会が第一段階の交渉指令を採択し、欧州委員会に交渉マンデートを付与して交渉態勢は整った。

EU側の交渉準備が順調に進んだのとは裏腹に、英国側の準備は滞りがちだった。EUにとって英国とのBrexit交渉は「ダメージ・コントロール」（トゥスク欧州理事会常任議長）であったのに対し、英国側は域内移民の自由移動は制限しつつ、モノやサービス、資本の自由移動は現状を維持したいという、いわば「良いとこどり」（英語では"cherry-picking"と表現される）を狙っており、その意味で英国は交渉が始まる前から難しい状況に置かれていた。また、国内にあっては強硬派の主張する「Hard Brexit」と穏健派の主張する「Soft Brexit」の間で激しい対立があり、メイ政権を翻弄した。

英国内の混乱にさらに追い打ちをかけたのが、メイ首相自身の総選挙の決断であった。メイ首相としては総選挙に勝利して党内の態勢を立て直し、求心力を高めることで一気に対EU交渉を有利に進めようとする思惑があったと推測される。しかし、6月8日に行われた投票の結果は、またしても保守党党首の期待を裏切る結果となる。保守党は過半数を割り込み、メイ首相の党内掌握力は大きく後退する。

このように、交渉の準備を周到に進めてきたEU側と政府与党内でさえ

立場の収れんがない英国は、いよいよ 2017 年 6 月 19 日に第 1 回交渉を迎える。その模様を伝える『ファイナンシャル・タイムス』紙は 1 面トップに、"Brexit table. All talk and no papers" と題して EU 側には資料が山積みになっているのに対し、英国側には書類が一切ない写真を掲載し、英国の交渉準備の遅れを皮肉っている。

　この第 1 回交渉会合では主に交渉の進め方に関して議論がなされ、次のような合意が形成された。①離脱交渉を第一段階と第二段階に分ける。第一段階では、市民の権利、財政上の合意、アイルランド問題、その他の離脱問題を議論する。また、第二段階では英国と EU との間の自由貿易協定（FTA）など将来の関係について交渉する。②ほぼ 4 週間に一度の頻度で交渉会合を開催する。③高い透明性を維持しつつ交渉を行う。④交渉のサイクルとしては、準備作業、文書交換、交渉、交渉結果の報告という流れで行うことなどを合意した。この合意内容を見る限り、EU 側の主張がほぼ全面的に通っており、EU ペースで議論が展開したことが推測される。

⑵　2017 年後半の Brexit 交渉

　その後 Brexit 交渉は 2017 年 7 月 17 日、8 月 28 日と回を重ねるが、9 月に入ってようやく英国の方向性が具体的に見えてきた。9 月 22 日のメイ首相によるいわゆる「フィレンツェ演説」である。その主な内容は以下のように要約できる。①離脱後も既存の EU ルールと規則が適用される 2 年間の「移行期間」を提案、②英国は単一市場及び関税同盟から離脱し、EEA（欧州経済領域）への加盟やカナダ EU 自由貿易協定（CETA）に類似の FTA 締結も排除して、新たな「創造的で実践的なアプローチ」を求めていく、③移行期間中は EU 予算を引き続き支払い、また、2020 年に現行の EU 多年度予算枠組みが終了するまでの間支払いを続行する、④市民の権利については、ECJ による直接管轄を拒否する、⑤移行期間の間は自由な人の移動を継続する、などの点を明らかにした。

　このメイ首相のフィレンツェ演説については英国の立場がより明確に示されたものとして EU 側も評価し、Brexit 交渉に弾みをつけるものとして期待された。特に上記③については英国として財政上の責任を果たすこと

を明確にしたものとして EU 側にも歓迎された。他方では、上記②の将来の EU との関係については、不明な点も多い。「単一市場及び関税同盟からの離脱」は従来からの既定路線であるが、EEA の加盟や CETA 型の FTA も否定して、前例のない「創造的で実践的なアプローチ」なるものが具体的には何を意味し、EU との新たな「関税取極め」（customs agreement）が GATT・WTO 上どのような位置付けになるのか、明確な説明はこれまでのところ英国からは聞こえてきていない。

2017 年 10 月の交渉会合では、英国側が第一段階について「相当な前進」があったので、第二段階に進んでも良いのではないかとしたが、EU 側はアイルランド問題や市民の権利についてまだ十分な進展を見ておらず、同月の欧州理事会首脳会合では「将来の関係」に関する議論の開始を提言できないと慎重な対応に終始した。

その後 12 月までの 2 か月間、英国と EU との間で鋭意交渉が行われた結果、第一段階について「十分な進展があった」ということで合意が成立、交渉は第二段階に入ることになった。これを受けて、2017 年 12 月 15 日欧州理事会は「第二段階」について交渉のガイドラインを採択した。その主な内容は、①第一段階について「十分な進展があった」ことを確認する、②第二段階では、EU・英国 FTA 並びに「移行措置」について交渉を開始する、③「脱退協定」の起草を開始する、④ EU 側の優先事項としては、(i)英国・EU 双方の市民の権利保障、(ii)財政問題の解決、(iii)アイルランドと北アイルランドの国境問題の解決の三点があり、これらについては英国側の交渉姿勢次第では交渉の打ち切りもありうる、⑤「移行期間」は 2 年程度とし、移行期間中に FTA で合意できない場合は、英国と EU は WTO 上の最恵国待遇（MFN）のみが適用される関係となる、といった点である。

上記⑤の移行期間について当初、英国側は丸 2 年間を希望していたが、EU 側は 2019 年 3 月 29 日から 2020 年 12 月 31 日までの 21 か月間をオファーし、これで決着した。この期間に FTA などで合意できない場合が俗にいう "No-deal Brexit" の状態であり、その場合には何らの特恵的待遇をも有さない、WTO の最恵国待遇のみが英国と EU との間に適用され

ることになり、英国に対してEUの共通域外関税（the common external tariffs）が課される。英国の産業界、そして英国に進出している日本企業はこのNo-deal Brexitを最も警戒している。第二段階および移行期間中の英国・EU交渉が注目される所以である。

(3) 「移行期間」（2019年3月29日～2020年12月31日）における英国の「権利と義務」

　移行期間中、英国は経済的には現状を維持できるが、政治的には「域外国」としての扱いを受ける。つまり、英国にEUの単一市場へのアクセスは従来通り認められるが、EUの諸政策についてその政策決定に一切関与できないにもかかわらず、EU法令の完全な順守を求められることになる。税関手続や関税の賦課は免れるが、EUが新たに採択した法令については順守しなければならない。また、EUが決めた通商政策や国境措置などを受け入れ、さらにBrexit強硬派が忌み嫌うECJの管轄権にも服することが必要となる。加えて、英国はEU予算についても応分の財政負担を担わなければならない。

　このように、英国は経済面ではEU単一市場への特恵的市場アクセスを維持するという「権利」を認められた一方で、政治的にはEU加盟国としての政策決定への参加という権利を失なったにもかかわらず、従来通りEUの政策や規則についてはすべて履行しなければならないという片務的な「義務」を背負うことになった。この「義務」を受け入れない限りは、英国としては単一市場への特恵的アクセスを失うことになりかねないとの判断から、英国としては「背に腹は代えられない」との思いでEU側に妥協するものと推測される。英国にとって片務的な義務についてはすでに強硬派Brexiterから強い反発が出ている。国内で強い反発が予想されてもあえて受け入れざるを得ないところにメイ首相の苦悩がある。その苦悩ぶりが窺い知れるのが2018年3月2日のメイ首相の演説である。これについては後で詳述する。

　この移行期間を巡る交渉で最も厄介な問題の一つがアイルランド問題である。欧州議会のアントニオ・タヤーニ議長は、同議会が2017年12月

14日に交渉第一段階について「十分な進展」を認める決議を行った際、「『十分な進展』が認定されたことで、全ての問題が解決したことにはならない」と述べ、特にアイルランド問題に言及している。同議長は、「(アイルランドと北アイルランドとの間の)厳格な国境管理で、これまで密接な関係をもってきた地域住民に混乱が生じないよう、何らかの特例措置を講ずるなど配慮が必要」としたが、同時にこの特例措置が「(移行期間終了後に)英国製品の EU 市場への流入の迂回路にならないよう対策をとる」ことも求めた[3]。

アイルランドと北アイルランドの国境問題は複雑な歴史的・宗教的背景をもっており、英国の一部である北アイルランドと EU の加盟国であるアイルランド共和国との間で厳格な国境管理を行うと、1998 年の「ベルファスト合意」(別称「聖金曜日協定」)で認められた北アイルランド住民のアイルランド国籍取得や自由な相互往来との整合性が取れなくなる恐れがある。他方、与党保守党と閣外協力の関係にある民主統一党（DUP）は北アイルランドの英国帰属を主張しており、メイ首相としては DUP にも保守党内の強硬派にも一定の配慮をせざるを得ない。

このように移行期間は英国・EU 間の「将来関係に関する合意」、とりわけ通商協定を締結するための重要な期間であるが、このアイルランド問題も "deal breaker" になる危険性を秘めた困難なイッシューである。

(4) 2018 年 3 月 2 日のメイ首相演説

2018 年 3 月の欧州理事会で EU は英国との第二段階の交渉に向けて追加の交渉ガイドラインを採択することにしており、それを契機として英国との将来の関係についての交渉が本格化することが見込まれていた。それに先立つ形でメイ首相は 3 月 2 日にロンドン市内で 3 回目となる Brexit 演説を行った。

今回の演説は英国の置かれた困難な状況を率直に見据えた現実感の高い

---

[3] 日本貿易振興機構（JETRO）「欧州理事会、ブレグジット交渉第 2 段階移行のガイドライン採択」（ブリュッセル発）『通商広報』2017 年 12 月 18 日参照。

内容であった。メイ首相は、Brexit 交渉が必ずしも英国の望み通りにはならないと率直に認め、主権を取り戻すといった理念的な目標よりも英国企業の利益や雇用を優先する姿勢を明確に打ち出した。その中でメイ首相は、野党労働党や保守党非主流派（穏健派）が主張している関税同盟への残留は拒否し、その代わりに EU との間で「可能な限り摩擦のない貿易」を維持する取決めの締結を目指すと述べた。関税同盟ならびに単一市場から離脱することで EU 市場に対するアクセスが従来よりも制限されることも率直に認めた。その上で EU からの輸入に関税や数量割り当てを課すことは望まないとする一方で、EU の関税同盟では認められていない「独立した通商政策」を模索したいとも表明した。

　これが一体どのような通商政策なのか、まだ不明な点が多いと言わざるを得ない。フィレンツェ演説では、ノルウェー型の EEA 協定もスイス型の FTA も、CETA（カナダ・EUFTA）型の FTA も明確に否定していたからである。4月16日に経団連で講演した London School of Economics and Political Science（LSE）の Stephen Woolcock 准教授は「CETA プラス」の FTA となるのではないかと予測していたが、この見解に同調する向きは多い。

　いずれにせよ、メイ首相は「EU と世界一、緊密な FTA を締結する」と述べ、既存の EU の FTA を超える、より広範囲な自由貿易の枠組みを志向する考えを明らかにした。また、メイ首相はこの日の演説では、化学や航空、医薬品などの主要業界に関連する EU 機関において英国としてオブザーバーのステータスを得たいとも述べた。

　さらに英国が比較優位を有する金融サービス業界については、メイ首相は「単一市場からの離脱に伴い、（一つの免許で EU 全域で営業活動ができる）パスポート制度は利用できなくなる」と明言し、EU との間で類似する規制環境を維持することで双方の金融市場の円滑な利用を確保すべきとの考えを述べた[4]。

　メイ首相が EU との間で「摩擦のない貿易は実現できる」と楽観論を述

4）「英『EU と緊密な FTA』、メイ氏、離脱後の通商巡り演説」日本経済新聞 2018 年 3 月 3 日参照。

べたのに対し、EU 側は「単一市場の外側で摩擦のない貿易などありえない」（トゥスク欧州理事会常任議長）として英国の「良いとこどり」に警戒心を滲ませている。また、メイ首相の提案した、EU 域内と同様の効果を有する金融ルールを英国でも採用することで、ロンドンのシティにこれまで通りの EU 市場への特恵的なアクセスを確保するとの考えについて、バルニエ首席交渉官は「Brexit 後の英国はもはや EU の単一市場の中にはおらず、したがって EU の規則によってカバーされない」として退けた[5]。

(5) 2018 年 3 月 19 日「脱退協定（案）」で英国・EU 大枠合意

EU は 2018 年 2 月 28 日に「脱退協定」の素案を公表していた。その中には英国に支払いを求める清算金の範囲やアイルランド国境問題、在英 EU 市民ならびに在 EU 英国市民の権利保護などについての 2017 年 12 月の大枠合意をベースに作成された条文と移行期間に関する EU 案が含まれていた。

この EU 素案の中で特に紛糾したのは、やはり北アイルランドとアイルランドとの国境をめぐる問題であった。EU は英国領である北アイルランドに EU との「共通規制地域」を設けると明記し、英国本土から切り離した形で北アイルランドだけを EU の単一市場に残す選択肢を示した。

英国と EU は 2017 年 12 月の大筋合意において、1998 年の和平合意（「聖金曜日協定」）に基づく相互の自由往来を維持するため、税関や検問所を設置しない方針で合意していたが、英国が具体的な解決策を示さない場合、EU としては北アイルランドに EU ルールの継続適用を行うと主張していた。それが「共通規制地域」として明記されたため、英国側は猛反発し、メイ首相は「英国を分断する内容だ」と語気を強めた[6]。

結局「ハード・コア」イッシューであるアイルランドとの国境問題と ECJ の管轄権を巡る問題は合意に至らず、棚上げしたまま 2018 年 3 月 19

---

5) "Barnier dismisses UK hopes of special market access for London after Brexit" FINANCIAL TIMES, Friday 27 April 2018, page 1.
6)「英離脱協定、EU 案が火種」日本経済新聞 2018 年 3 月 1 日、「英・EU、離脱で再び溝、北アイルランドの扱い巡り、移行期間交渉にも暗雲」同紙 2018 年 3 月 2 日。

日に大枠合意に至った。移行期間については概ね EU の主張に沿った形で決着が図られた。既に見たように、英国は移行期間の間は EU 単一市場・関税同盟に留まることになるが、英国が第三国との間で Brexit 後の通商関係に関する協定の交渉をすることは認められた。

他方、司法権や出入国管理についても、英国が移行期間中は EU のルールに従うことが英国の「義務」とされたが、新たな EU の政策決定には英国が参加できないことも明記された。

また、3月22日から2日間にわたって開催された EU 首脳会議において、Brexit 後の英国との通商交渉に関するトゥスク欧州理事会常任議長から提出されていたプロポーザルを採択した。これにより EU と英国は4月から通商協定に関する準備交渉に入るものと目されている。さらに2018年10月の EU 首脳会議を目途に、Brexit 後の英国と EU との通商関係に関する「政治宣言」が発出される見込となっている。

3. Brexit 交渉「前半戦」を終わって

英・EU 交渉の「第一段階」が未解決の問題を残しつつも形式的には終了となり、舞台は「第二段階」に移った。2020年末までの「移行期間」が合意されたことによって、英・EU 間の特恵的な通商協定へ向けた交渉の時間は21か月間延長された。これで、いわゆる「最悪のシナリオ」である"No-deal Brexit"を回避できたと考えるのは楽観的に過ぎるのかもしれない。とりわけ「第一段階」からの積み残し案件である「北アイルランド問題」と「EU 司法裁判所の管轄権問題」の二つは英国内の反発が強く、ただでさえ弱体化したメイ政権の土台を揺るがしかねない難問である。メイ政権が万が一倒れた場合、誰が後継の英国首相となるのだろうか？　強硬派の Hard Brexiter であるジョンソン前外相が首相になった場合には EU との交渉は一層困難なものになることが予想される。穏健派で Soft Brexiter であるハモンド蔵相が首相になった場合には保守党の中の分裂が深刻化するだろう。いずれにせよ、現時点ではメイ首相が続投する以外に適役はいないのである。

序章

　EUからの離脱という新しい状況を作り出したのは英国であり、status-quoを破ったのは英国であるから、英国は交渉のdemandeurとしてより大きな譲歩を求められる。しかも英国はそのstatus-quoの大部分、つまり「人の移動」を除く他の「3つの自由」（モノの自由移動、サービスの自由移動、資本の自由移動）については維持することを望んでいる。EU側は「人の移動」を含む「4つの自由」は不可分の一体を成すと考えているから、当然英国に対してだけ「例外」を認めるわけにはいかないという姿勢で交渉のテーブルに着いている。

　このような交渉構造となっている以上、「第二段階」以降もおそらくEU側のペースで交渉は進んでいくものと思われる。そのような状況で英国とEU域内の両方に大きな経済的利益を抱えている日本企業はどうすればよいのか、本書は基本的には日本の経済界へのBrexit関連の情報提供と対応指針の提示を主たる目的としている。

　本章を担当し、これまでのBrexit交渉の経緯を整理分析してきた筆者としては、本件ほど不確実性が高く、また予見性の低い事案は過去に例がなく、これに対処するには「最悪に備える」ということしかないように思われる。より具体的には、No-deal Brexitの場合が「最悪のシナリオ（その1）」となるが、その場合英国産の産品はWTOのMFN原則によってのみ貿易されることになる。例えば、英国産の日本メーカーの車はEU市場に入るとき10%のEU共通関税を賦課されることになる。

　あるいは「第二段階」の交渉がうまくいってCETAを超えるようなFTAが英・EU間で締結されたとしても、それだけで喜ぶのはまだ早い。この場合の「最悪のシナリオ（その2）」は、英国がCETAプラスのFTAを狭義の英国の利益のためだけに交渉した結果、例えば英国で生産するドイツメーカーの製品については従来通り無関税でEU域内に入ることを確保したが、EU域外である日本メーカーの英国現地生産車についてはEUメーカーの反対もあり、10%の関税賦課を免れることができなかった、といった状況である。

　このような「最悪のシナリオ」を念頭に置いて英・EU交渉を随時フォローしていく必要があるが、その際日本企業に好材料となるのが、日

EUEPAの存在である。日EUEPAは2017年12月に大筋合意に至っているが、発効はまだ先の話で、おそらく2019年春と目されている。可能な限り2019年3月29日のBrexitよりも前に発効させ、日EU関係においてこれを有効に活用するべきである。

　もう一つ日本企業が心がけるべき点としては、欧州企業との協力の深化がある。2017年12月15日の欧州理事会による第二段階ガイドライン採択の際に欧州産業連盟"Business Europe"のエマ・マルチェガリア会長はEU首脳会議の決定を評価しつつも、「着地点には程遠い。産業界には（投資など）将来を見据えた展望が必要で、そのための時間的余裕はほとんどない」とコメントしている。欧州産業界としては、従来通りのEU・英国間のビジネス環境の維持・継続が望ましく、2019年3月末のBrexit以降の移行期間の間にFTAが合意できないといったようなビジネス環境の大幅な変更は回避したいとの思いを滲ませている。これは日本企業の懸念と期待を共有するものである。そこで日EUEPAを基盤として、日本企業と欧州産業界の連携強化により、可能な限り「継ぎ目のない」ビジネス環境を確保すべく努力すべきである[7]。

　より具体的には、欧州のエレクトロニクス産業界の利益を代表する「デジタル・ヨーロッパ」の事務総長セシリア・ボネフェルト＝ダール氏の発言が注目される。同事務総長は移行期間が確保できることを評価する一方で、これまでEU「データ経済」の一員であった英国がEUを離脱することで「EU一般データ保護規則（GDPR）」上の第三国として扱われることにより、自由なデータ移転ができなくなるリスクを懸念している。EUのデータ経済の規模は「デジタル・ヨーロッパ」の推定では2,850億ユーロ超となっており、「データ・フローの（Brexitによる）断絶は受け入れられない。欧州には、国境や産業部門を超えた自由なデータ・フローが必要だ」と同事務総長はコメントしている。

　データ・フローとGDPRとの関係については、今後英・EU間の通商協

7）JETRO・前掲注3）。日本企業からの要望については「英国及びEUへの日本からのメッセージ」（2016年9月2日日本政府タスクフォースにより採択）、ならびに「要望事項」を参照。外務省経済局編、『我が国の経済外交2017』40-46頁、206-213頁。

定交渉の場などで議論されると予想されるが、英国の個人データ保護レベルの「十分性認定」などを行うことによって、従来通りの自由なデータ・フローを確保したいというのが欧州エレクトロニクス産業界の思惑のようである。このようなアプローチは日本の同産業界にとっても大いに参考になるため、日欧のエレクトロニクス産業界の協力が望まれるところである。

（2018 年 8 月 22 日脱稿）

第1部
Brexitはなぜ起きたのか

第1部　Brexit はなぜ起きたのか

第1章　EU と構成国の法的権限
―― EU による行き過ぎた権限行使と主権の回復？

一橋大学大学院法学研究科教授　中西 優美子

1.　はじめに

　英国が離脱を選択した理由として、EU への過剰な権限移譲への批判と議会主権を回復したいという願いが挙げられる。例えば、EU 離脱派の主張の中に、曲がったきゅうりやバナナの市場での販売禁止、吸引力の強すぎる掃除機の禁止、脱水症状を緩和すると謳ったミネラルウォーターの販売禁止など EU が不要なところまで細かなルールを決めているというのがあった[1]。要は、ブリュッセルでばかげた EU のルールが採択され、それに英国が拘束されている状況が生じているという批判である。また、英国では議会主権[2]が重要な原則となっているが、実際のところ、大半の法律が EU で決められたルールに由来しており、議会主権が大幅に制限されている状況が長年にわたり、また EU の権限拡大とともにその範囲が拡大してきた。そこで、英国が主権（sovereignty）を取り戻したいと考えたことが挙げられる[3]。

　このことは、英国政府の公式文書の中においても確認できる。2017 年 2 月に英国政府のポリシー文書「EU からの英国の離脱及び EU との新しいパートナーシップ（The United Kingdom's Exit from and new partnership

---

1) Ex. http://www.dailymail.co.uk/news/article-3658811/Barmy-Brussels-regulations-UK-leaves-EU-referendum-result.html (last accessed 2 June 2018).
2) これについては、中村民雄『イギリス憲法と EC 法』（東京大学出版会、1993 年）。
3) 中西優美子「（巻頭言）英国の EU 離脱と主権」（EU 法研究 2 号、2016 年）1 - 4 頁参照。

with the European Union)」[4]が英国議会に提出された。同文書の2章「我々独自の法律をコントロールすること（taking control of our own laws）」では、最初に「EUから離脱することに賛成票を投じた人が要求するように、我々は自分たちの事項を掌握し、また、英国におけるEU司法裁判所の裁判管轄権を終了させる」とまとめられている[5]。具体的には3点、①議会主権、②英国におけるEU司法裁判所の裁判管轄権の終了、③紛争解決メカニズムにつき言及されている。特に、離脱理由に関係するのが、①と②である。①の議会主権の箇所では、主に以下のことが述べられている。まず、議会主権が英国憲法の基本的な原則であることを確認したうえで、議会がEUの構成国であることを通じて主権を維持している一方で、議会は必ずしもそのように感じてこなかったことが示されている。実際、EU指令、規則、決定及び勧告並びに委員会の委任行為及び委員会のコミュニケーション文書のような他の文書、理事会に提出された報告書及び意見、会計検査院の報告書等など1056のEUの関連文書が2016年に英国議会の審議対象となっている事実から、EUの活動範囲の広さとその影響力が示されている。そのうえで、EUを離脱することは、英国の法律が英国に特有の利益及び価値に基づくことになり、立法機関と裁判所が英国において最終的な決定者となることを意味すると述べている。要は、英国政府もEU離脱が議会主権を取り戻すことであると考えている。英国は、加入に当たり、1972年にEC加入法を制定した。これにより、議会主権原則は、放棄されたのではなく、議会が自発的にEC法の直接効果を受け入れたのであって、これによって議会主権原理が消滅したわけではないと説明されていた[6]。しかし、実際は、1972年EC加入法は、EC法に反する他の議会制定法に対して優位性を有するのだから、その限りで議会主権は否定されていた[7]。それをあらためて、このポリシー文書は、確認している。②

---

4) https://assets.publishing.service.gov.uk/government/uploads/system/uploads/attachment_data/file/589191/The_United_Kingdoms_exit_from_and_partnership_with_the_EU_Web.pdf (last accessed on 30 July 2018).
5) *Ibid.*, p. 13.
6) 戒能通厚『イギリス憲法（第2版）』（信山社、2018年）91頁。
7) 戒能・前掲注6）。

のEU司法裁判所の裁判管轄権の終了に関しては、以下のようなことが述べられている。EU司法裁判所は、EU法事項についてのEUの最終的な決定者である。超国家的裁判所（supranational court）として、EU司法裁判所は、28か国の構成国すべてにEU法の一貫した解釈及び実施を行い、紛争が生じた場合には紛争解決するための明確な過程を示すことを目的とする。EU司法裁判所は、EU法において優位の原則及び直接効果のための超国家的裁判所の中でもっとも強力である。このように、英国政府は、EU司法裁判所の裁判管轄権の強さを認め、ここから解放されることを英国離脱の意味とした。

　ここでは、上述したような英国の離脱派の主張は、的を射たものなのか否か、また、議会主権の制限は危険水域にまで達しているのかについて検討を加えたいと考える。検討の順序としては、以下のようになる。第1に、権限の観点から英国とEU加盟、EU加盟国としての英国について歴史を振りかえっておきたい。第2に、EU機関による行き過ぎた権限行使として、立法機関によるものと司法裁判所によるものについて検討する。第3に、国家が国家でなくなるようなところまで、つまり主権の核が損なわれるようなところまで権限の移譲が進んでいるのかについて検討する。また、そのような状況は、英国だけの問題なのか、または、他のEU構成国においても問題となっているのかについても議論したいと考える。第4に、EUの構成国であることは権限の観点からどのようなことを意味しているのかを明らかにしたい。最後に、離脱することは実際に主権を取り戻すことを意味するのか、また、離脱後のEUへの再加入が何を意味するのかについて明らかにしたい。

2. 権限の移譲を躊躇する英国

(1) 英国がECの原構成国でない理由

　European Union (EU)（欧州連合）の前身である、European Communities (EC)（欧州三共同体）は、1950年5月9日に出されたシューマン宣言を誕生の基礎とする。シューマン宣言には、フランスとドイツ間の戦争を二度と起

こさないという平和への誓いが述べられているが、そこには、それを実現するための戦争の武器弾薬となる石炭鉄鋼の共同管理をする新しい最高機関の創設、その機関の決定が構成国を拘束すること、また、それが欧州連邦への第一歩となることが記されている。このシューマン宣言の計画に基づいてECSC（欧州石炭鉄鋼共同体）条約が翌年調印され、1952年に創設された。ECSC条約9条は、最高機関（現欧州委員会）が超国家的な性質（caractère supranational）を有すると規定した。ECSCは、それゆえ、超国家組織と言われた。その後、1957年にEEC（欧州経済共同体）及びEURATOM（欧州原子力共同体）条約が調印され、翌年に発効した。ECは、構成国が権限を移譲し、逆に言うと、ECは条約を通じて構成国から権限を付与され、設立された国際組織である（EU条約1条参照）。ECは、独自の機関（立法、執行及び司法機関）を擁し、その機関が決定を行い、たとえ反対票を投じたとしても、可決されれば、構成国はその決定に拘束される。このことは、EU司法裁判所の判例においても確認されている。1963年のCase 26/62 Van Gend en Loos 事件において、EU司法裁判所は、ECが主権的権利を付与された機関であること、その権利の行使が構成国及びその市民に影響を及ぼすこと、さらに、共同体が国際法の新しい秩序を構築し、その恩恵のために構成国は限定された分野であるものの自らの主権的権利を制限したと判示した[8]。この判決により、EU法の直接効果の原則（一定の条件を満たせば、個人が国内裁判所においてEU法規を援用できること）が確立された。また、EU司法裁判所は、1964年のCosta v. E.N.E.L.事件において、EU法が独自の法秩序を形成し、構成国が限定された分野であるが、自らの主権的権利を制限し、その国民と自己を拘束する法の組織を創設したと判示した[9]。この判決によりEU法の国内法に対する優位の原則が確立された。すなわち、EC（現EU）は、国際連合（UN）

---

8) Case 26/62 Van Gend & Loos v. Netherlands Inland Revenue Administration, 5 February 1963, ECLI:EU:C:1963:1; 須網隆夫・中村民雄「1　EC条約規定の直接効果」中村民雄・須網隆夫編『EU法基本判例集　第2版』（日本評論社、2010年）3-13頁。
9) Case 6/64 Costa v. E.N.E.L., 15 July 1964, ECLI:EU:C:1964:66; 中村民雄「2　EC法の国内法に対する優位性」中村民雄・須網隆夫編『EU法基本判例集　第2版』（日本評論社、2010年）14-23頁。

や東南アジアの地域組織 ASEAN とは異なり、主権の一部、つまり権限（competences）を移譲することで成り立っている。

EC の原構成国は、フランス、（西）ドイツ、イタリア、ベルギー、オランダ及びルクセンブルクの 6 か国であった。英国は、EC には加入せず、1960 年にオーストリア、スイス、デンマーク、ノルウェー、ポルトガル、スウェーデンとともに EFTA（欧州自由貿易連合）を設立した。英国が当初 EC に加盟しなかったのは、EC が権限の移譲を伴う超国家的な性質をもった地域国際組織だったからである。英国は、EFTA を発足させたものの、EEC の経済発展に鑑み、1961 年に EC に加入することを決定した。加入申請をするものの、当時フランスの大統領ド・ゴールに拒否され続けた。それは、欧州統合の初期には、「諸祖国からなる欧州（l' Europe des patries）」と「祖国としての欧州（l' Europe comme la patrie）」という 2 つの異なる考え方がド・ゴール大統領などによって提示されていたが、英国はそもそも前者の考え方を採っていたのに対して、大陸欧州は後者を志向しており、求めるものの相違があったことにもよる。彼の退陣後、英国は、1973 年に EC に加入することができた。しかし、1975 年には EC 加盟継続の是非を問う国民投票が行われた。もっとも加盟継続が過半数を占め、その時点での脱退はなされなかった。

(2) EU の政策からオプトアウトする理由

英国は、1973 年に EC（当時）に加入したものの、欧州統合の深化について躊躇する姿勢をとってきた。1992 年（1993 年発効）のマーストリヒト条約は、EEC 条約（EC 条約に変更された）を改正し、その中に経済通貨同盟の設立を規定した。つまり、欧州中央銀行制度を設定し、単一通貨ユーロを発行し、その発行量の決定につき排他的権限を有する欧州中央銀行を設立させるという画期的な制度が EC 条約に挿入された。しかし、英国は、通貨政策分野の権限移譲を嫌い、経済通貨同盟からオプトアウトすることを認められた。

また、アムステルダム条約は、ビザ、庇護、移民及び人の自由移動に関する他の政策に関し、政府間協力に基づく第三の柱「司法内務協力」から

超国家組織を基礎とする第一の柱「共同体」に移行（共同体化）した（EC条約第4編61条〜69条）。しかし、英国はアイルランド及びデンマークと共にこの編からオプトアウトした（EC条約69条）。

さらに、キャメロン首相は、英国離脱の国民投票の実施を決定した。国民投票に先立ち、キャメロンは、2015年6月25日〜26日の欧州首脳理事会会議でEU改革要求を行い、それを受け、2016年2月19日には、英国EU改革合意[10]がなされた。その中には、4つの項目「経済ガバナンス」、「競争」、「主権」、「社会的給付及び自由移動」が述べられていた。「主権(sovereignty)」項目においては、①英国がEUにおけるさらなる政治統合にかかわることを義務づけられないこと、「より一層緊密化する連合を創設する過程」という文言は、EU基本条約及び第二次法の範囲拡大の法的根拠とはならないこと、EUの権限は拡大されるだけではなく、縮小されうること、②及び③補完性原則（後述する）、④付属議定書における構成国の権利と義務の承認、⑤国内の安全保障は、構成国の責任であることの確認（EU条約4条2項）が規定されていた。特に①に見られるように、英国はさらなる権限の移譲をEUにしないこと、欧州統合が進められる場合はそこに義務づけられないことの約束をとりつけていた。

このように、英国はEU（当時のEC）に加入してからも、主権の一部である権限の移譲を躊躇し続けてきた。また、将来においても躊躇し続けることを予定していた。

3. EU機関による行き過ぎた権限行使？

(1) 立法機関によるもの

英国の離脱派の言うように、EU機関は過剰なところまで細かな規定を設定し、不要なEU法行為を採択してきているのだろうかという点について検討したい。EUは、権限付与の原則（principle of conferral）に基づ

---

[10] A New Settlement for the United Kingdom within the European Union, OJ of the EU 2016, C69I/1; 庄司克宏『欧州の危機』（東洋経済新報社、2016年）158-163頁。

いて行動している（EU条約5条2項）。つまり、EUは、構成国から条約により権限を付与された範囲においてのみ行動することができる。もしEUの立法機関である、欧州議会と理事会が、権限が付与されていない分野においてEUの法行為（legal acts）を採択した場合、無権限という理由により、当該行為はEU司法裁判所によって取り消されうる（EU運営条約263条）。

　また、EUがある分野で権限を付与されていたとしても、EUは常にその権限を行使できるわけではない（その権限がEUの排他的権限でない限り〔これについては後述参照〕）（EU運営条約5条3項）。すなわち、EUは補完性原則（principle of subsidiarity）に従い、構成国レベルでは十分に目的が達成されず、かつ、EUレベルでは規模や効果の点からよりよく達成できる場合のみ権限を行使できる。例えば、EUは環境分野において共有権限（これについては後述参照）を付与されているが、EUが常に立法権限を行使するのではなく、地球温暖化への対処などEUレベルで措置を採択した方が効果的である場合に限って権限を行使することができる。

　もっとも補完性原則が十分には遵守されていないという構成国の主張があり、2009年12月1日発効のリスボン条約では補完性原則を強化する措置がとられた。1つ目は、EU条約12条に、委員会が立法提案をすると、国内議会に同提案が送付されなければならないこと(a)、また、補完性原則が遵守されているかの審査にかかわる国内議会の監督的役割(b)が規定された。2つ目は、リスボン条約の付属議定書として補完性及び比例性原則の適用に関する議定書が入れられた。補完性原則に関する議定書は、1997年のアムステルダム条約にも付属していたが、リスボン条約の付属議定書では、国内議会の意思決定過程及び司法制度（取消訴訟）における役割が明確に規定された（付属議定書6－8条）。例えば、EU構成国の議会の少なくとも3分の1以上（各国に2票が与えられている。つまり、現在は56票の3分の1）[11]が欧州委員会の提案が補完性原則を遵守していないと考える場合には、その提案は再審査されなければならない。もし委員会がその提案を維持する場合は、なぜ補完性原則を遵守していると考えるのか理由を付した意見において正当化しなければならない。

さらに、補完性原則を遵守したうえで、EUが権限行使することになった場合も、EUは比例性原則を遵守しなければならない。すなわち、EUは、目的の達成に必要な範囲でしか措置をとることはできない（EU条約5条4項）。補完性原則は司法審査になじみにくいと言われるのに対し、比例性原則については、これまでEU司法裁判所の判例が積み重ねられてきており、それに違反する措置の無効が取消訴訟（EU運営条約263条）及び先決裁定手続制度（EU運営条約267条）[12]を通じて宣言されたり、また、裁判所意見[13]を通じてEU法との両立性審査が行われている。また、2010年のVodafone事件[14]では、携帯電話の国際ローミングに関するEU規則の有効性が問題となり、司法裁判所は、比例性原則及び補完性原則の観点から当該規則を審査した。裁判所は、そこで、比例性原則審査において、影響評価（impact assessment）報告書[15]を判断の根拠とした。委員会は、措置を提案するに当たって、その影響評価をすることが慣例になってきている[16]。

加えて、上述した2016年の英国とEUの改革合意では、補完性原則に関して2つのことが約束された[17]。1つは、以下のようになっていた。補

---

11) 例えば、ドイツであれば、ドイツ連邦議会に1票、ドイツ連邦参議院に1票、合計で2票となる。1院制をとっている国の場合には、その議会が2票をもつことになる。
12) 最近の例としては、通信履歴保存義務指令2006/24につき無効の宣言をした、Joined Cases C-293/12 and C-594/12 Digital Rights Ireland, Judgment of 8 April 2014, ECLI:EU:C:2014:238; 中西優美子「EU個人データ保護権にかかわる比例性原則審査」自治研究90巻7号（2014年）82-93頁。
13) Opinion 1/15 PNR Agreement between the EU and Canada, ECLI:EU:C:2017:592; 中西優美子「EUとカナダ間の乗客名簿（PNRデータ）の移転及び処理に関する協定案についての裁判所意見1/15」国際商事法務 Vol. 46, No. 8（2018年）1158-1165頁。
14) Case C-58/08 Vodafone and others, Judgment of 8 June 2010, ECLI:EU:C:2010:321; 中西優美子「携帯電話の国際ローミングに関するEU規則の有効性」『EU権限の判例研究』（信山社、2015年）247-257頁。
15) SEC (2006) 925, Commission staff working paper - Impact assessment of policy options in relation to a commission proposal for a Regulation of the European Parliament and of the Council on roaming on public mobile networks within the community.
16) 例えば、日本とEUは2018年7月17日に経済連携協定(EPA)に署名したが、それに先立って、委員会は、影響評価を数度行ったうえで、同協定の締結案を理事会に提出している。例えば、2018年6月に実施された、影響評価文書は、以下のものとなる。http://trade.ec.europa.eu/doclib/docs/2018/july/tradoc_157115.pdf (last accessed on 30 July 2018).

完性原則の目的は、できるだけ市民に近いところで決定がなされるように確保すること。それゆえ、適切な行動の選択は、なかんずく、問題となっている事項が構成国による行動では十分に規律できないという国境を越える側面を有しているか否か、また、EUレベルの行動が構成国レベルの行動と比較して規模や効果の面から明らかな利点を有しているか否かに依らなければならないこと。さらに、補完性及び比例性原則の適用に関する議定書の7条2項に従い国内議会により発布される理由を付した意見は、EUの意思決定過程にかかわるすべての機関によって十分に考慮に入れられなければならないこと。このために、適当な取決めがなされるべきこと。もう1つは、以下のようになっていた。立法提案が補完性原則を遵守していないという理由を付した意見が国内議会に割り当てられた票の55％以上を占める場合、理事会の議長は、それらの意見及びそこから導きだされる結果についての包括的な議論のために理事会の議題に含めなければならないことである。EUは、英国における国民投票で離脱となる結果を避けるために、将来において、補完性原則のさらなる厳格適用を約束した。

　このように権限に関する三原則に従い、①EUに権限が付与されているか、②EUがその権限を行使できるか否か、さらに、③EUが権限行使する場合、必要な範囲を超えていないという、3つのハードルを越えてはじめて有効にEUの措置が採択されることになる。これらの原則に違反する場合は、EU司法裁判所により後から無効と宣言され、また、国際条約を締結できない可能性がある。権限に関する三原則は、1992年のマーストリヒト条約により導入され、明示的に規定された。また、アムステルダム条約に補完性原則及び比例性原則に関する付属議定書が付けられた。さらに、リスボン条約により、上述したように補完性原則の遵守が強化された。EU法においては、行き過ぎたEU法行為が採択されないようにする権限に関する三原則が規定され、立法手続においてそれらが遵守されるようにする制度が設定されている。さらに、たとえそのような行為が採択されてしまった場合にもEU司法裁判所による無効宣言をもたらす制度が存在す

---

17) A New Settlement for the United Kingdom within the European Union, OJ of the EU 2016, C69I, pp.6-7.

る。加えて、慣行として、提案された措置の影響評価がなされている。さらなる念押しとして、2016年の英国EUの改革合意での「補完性原則」に厳格適用も約束された。

(2) 司法機関（EU司法裁判所）によるもの

　上述したように、英国政府は、EU司法裁判所の裁判管轄権に服さないことをEU離脱の象徴としていた。後述するように、構成国はEU司法裁判所の判決を遵守しなければならないが、裁判所はEU法の遵守を要請するのみならず、構成国の立法等に影響を与える。それは、直接的なEUの権限の拡大とは言えないまでも、構成国に影響を与える結果を生じさせるものとなっている。最近の判例から具体例を挙げることにする。

　まず、イタリアの刑法典における時効規定が問題となった、2015年のTaricco事件[18]がある。EU司法裁判所は、イタリアの下級審の裁判所から先決裁定を求められた。当時、EUレベルでは、付加価値税に関する刑事手続きに適用可能な時効ルールは、調和されておらず、構成国が立法権限を維持していた。また、構成国により時効規定が手続規定であるか実体規定であるかの位置付けも異なっていた。司法裁判所は、先決裁定において、財政的な詐欺に関して短い時効規定を定めているイタリア刑法典を適用しないようイタリアの国内裁判所に義務づけた。もっとも、この後、イタリア憲法裁判所がイタリアの「対抗限界（counter-limits）」論[19]を持ち出し、EU司法裁判所に再度の判断を迫ったことにより、TariccoI判決を修正する、TariccoII判決[20]を下すことになった。Taricco事件は、後述する「主権の核にまで影響を及ぼす権限移譲」とも重なるが、国内（憲法）裁判所が無視できないところまで、EU司法裁判所の裁判管轄権の力が及

---

18) Case C-105/14 Criminal proceedings against Ivo Taricco and Others, Judgment of 8 September 2015, ECLI:EU:C:2015:555.
19) イタリア法秩序がEU法による主権の制限を認める一方で、同秩序が基礎とする基本的な価値を保護するためにEU法に制限を課すというもの。
20) Case C-42/17 Criminal proceedings against M.A.S. and M.B., Judgment of 5 December 2017, ECLI:EU:C:2017:936; 中西優美子「Taricco事件をめぐる国内裁判所とEU司法裁判所の対話」自治研究94巻9号（2018年）110-122頁。

んでいることの現れでもある。

　次に、同性愛者の結婚（same sex marriage）が問題となった、2018年6月5日に下されたComan事件[21]が挙げられる。ルーマニアの市民（Coman氏・男性）が、ベルギーでアメリカ市民（男性）と結婚し、そこに居住していた。C氏が夫と共にルーマニアに戻ろうとしたが、ルーマニアの民法では同性婚は禁止されているため、ルーマニアは夫の男性の居住を拒否した。この件につき、事件が係属していた、ルーマニア憲法裁判所は、EU司法裁判所に先決裁定を求めた。司法裁判所は結婚に関する法規に関連する人の地位は、構成国の権限に属する事項であり、EU法はそれを規律する立法権限を有しているわけでなく、同性婚を認めるか否かは構成国の権限であるとした[22]。しかし、司法裁判所は、C氏がEU市民であり、市民は自由移動の権利を有しているとし（EU条約21条1項）、また、その条文の下で家族生活を行う権利もそこに含まれるとし、さらに、指令2004/83の家族である「配偶者」には同性の夫も含まれるとした[23]。また、司法裁判所は、公益のために居住の拒否を認められる場合があるとしつつも、また、EU条約4条2項の下での構成国の国家アイデンティティ（national identity）尊重の義務を認めつつも、EU基本権憲章で保障される私的及び家族生活の尊重の権利は基本権であり、単に夫が同性だという理由では公共政策からも国家アイデンティティでは正当化できないとした[24]。この先決裁定に見られるように、EUが立法権限を有さない分野にも実際にはEU司法裁判所の判決を通じてEU法が及んでいる。

　3つ目のケースとして、2018年7月25日に下された、ゲノム編集で開発した作物に関する事件が挙げられる[25]。これは、複数のフランスの農業・環境団体が原訴訟の原告となり、フランスの政府を訴えた事件から始まっている。本事件では、遺伝子を効率よく改変する技術「ゲノム編集」で開発した作物が、遺伝子組み換え作物（genetically modified organisms、

---

21) Case C-673/16, Coman and others, Judgment of 5 June 2018, ECLI:EU:C:2018:385.
22) *Ibid.*, para. 37.
23) *Ibid.*, paras. 29-35.
24) *Ibid.*, paras. 41-48.

GMO)の環境への故意の放出に関する指令2001/18の2条2項に定められるGMOとしてみなされるか否かが問題となった。EU司法裁判所は、ゲノム編集作物をGMOとみなし、長期間の安全記録がないと、当該指令の規制からは逸脱できないとした。司法裁判所は、環境NGOの意見を組み入れた判決を行い、フランスはこの解釈に従わないといけない。これは、ある意味で、ゲノム技術の発展を阻むものであり、国として受け入れ難いものもある。なお、この事件には英国も参加した。

4. 主権の核にまで影響を及ぼす権限移譲？

　上述した1963年のCase 26/62 Vand Gend en Loos事件及び1964年のCosta v. E.N.E.L.事件において、構成国が限られた分野ではあるが、自らの主権的権利を制限し、法の共同体（現EU）を創設したと判示された。その後、主に1986年（1987年発効）の単一欧州議定書、1992年（1993年発効）のマーストリヒト条約、1997年（1999年発効）のアムステルダム条約、2007年（2009年発効）のリスボン条約により、EU（EC）基本条約が改正されてきた。これらの改正の度に、EUに新たな権限が付与された。主要なものとして、単一欧州議定書により環境分野の権限、マーストリヒト条約により経済通貨同盟の権限、アムステルダム条約により移民・難民政策の権限、リスボン条約により知的財産分野及びエネルギー分野の権限が新たに付与された。さらに、リスボン条約は、結局は未発効に終わってしまった欧州憲法条約の内容を実質的に引き継いだものであり、既存のEC条約及びEU条約に機構上においても大きな変更を加えるものであった。

　ドイツでは、マーストリヒト条約の批准にあたって、ドイツ連邦憲法裁判所にドイツ基本法（憲法のこと）38条1項違反が存在するとして憲法

---

25) Case C-528/16 Confédération paysanne and Others v. Premier ministre and Ministre de l'agriculture, de l'agroalimentaire et de la forêt, Judgment of 25 July 2018, ECLI :EU :C :2018 :583 ; 中西優美子「遺伝子組み換え生体（GMO）とゲノム編集に関するEU司法裁判所の解釈」自治研究95巻11号（2019年）掲載予定。

異議が提起された[26]。また、リスボン条約の批准にあたっても同様に憲法異議が提起された[27]。マーストリヒト条約では主にEUの権限の拡大が問題とされたのに対して、リスボン条約判決においては、リスボン条約によりその権限拡大が限界を超えるものになっていないか、すなわち、ドイツが国家性を喪失するところまでの権限移譲になっていないかが問題とされ、主権国家性及び憲法アイデンティティ（Verfassungsidentität）に関するドイツ基本法（憲法）の許容する限界が示された[28]。そこで、裁判所は、EU法行為が基本法23条1項3文及びそれに関連して79条3項に定められる憲法アイデンティティの不可侵の核となる部分を侵害していないか否かという不可侵原則審査（Identität-Kontrolle）という新たな審査基準を提示した[29]。

　このことは、リスボン条約による改正が国家の核となる部分に影響を与える可能性をもつことが認識されていたことを意味する。リスボン条約は形式的には、既存の条約を改正するものとなっており、憲法上国民投票が要請されるアイルランドを除いては、議会の承認により批准された。しかし、リスボン条約は、内容的には、フランス及びオランダにおける国民投票で否決された欧州憲法条約を引き継いでいる。初期の頃のECとは異なり、現在のEUには広範囲の権限が付与されており、自然人及び法人が直接影響を受ける事項も格段に増えている。それゆえ、英国がさらに欧州統合をすすめることを躊躇したことは容易に理解できる。

　また、リスボン条約発効後の最近の傾向として、国内憲法裁判所または最高裁判所がEU司法裁判所の判決に必ずしも従わないということが見られる。例えば、ドイツ連邦憲法裁判所は、欧州逮捕状の執行をめぐる事件において、上述した憲法アイデンティティが侵害されていないかの不可侵原則を適用し、EU法により要請される被告人の引渡しを行うべきではな

---

26) BVerfG, Urteil des Zweiten Senats vom 12. Oktober 1993, 2 BvR 2134/92, BverfGE 89, 155.
27) BVerfG. Urteil des Zweiten Sentas vom 30. Juni 2009, 2 BvE 2/08, BverfGE 123, 267; 中西優美子「ドイツ連邦憲法裁判所によるEUリスボン条約判決」貿易と関税58巻2号（2010年）75-67頁。
28) 中西優美子「ドイツ連邦憲法裁判所とEU司法裁判所間の対話の発展」『戸波江二先生古稀記念　憲法学の創造的展開』（信山社、2017年）73、79頁。
29) 中西・前掲注28）80頁。

いという判示を行った[30]。ここでは、ドイツ連邦憲法裁判所は、ドイツ基本法（憲法）1条1項に規定されている人間の尊厳の保障に含まれる原則に、あらゆる刑罰は責任（Schuld）を前提とする、も属するとし、この保障の貫徹を行った。また、上述したイタリア刑法典の時効規定と罪刑法定主義の原則が問題となった、TariccoII事件では、イタリア憲法裁判所は、以下のように述べた[31]。EU司法裁判所がTaricco判決で示したEU運営条約325条の解釈を維持する（イタリア刑法典の時効規定の不適用を要請するもの）のであれば、イタリア憲法裁判所は、リスボン条約を批准しかつ実施する国内法がその限りにおいてイタリア憲法秩序の重要な原則に違反することになるため、その場合Taricco判決を遵守する義務を国内裁判所から免除することを宣言する。また、デンマーク最高裁判所が年齢に基づく差別に関するEU司法裁判所の判例 Case C-441/14 Dansk Industri v. Rasmussen[32]に従わないと判示した[33]。

このような例から、Case 6/64 Costa v. E.N.E.L.事件で確立されたEU法の優位が重要なものであることを構成国は認識しつつも、それを必ずしも遵守できないような状況が発生している。これらの事例は、脱退に直接につながるものではないが、構成国の最高位にある裁判所がEU法の行き過ぎに警鐘を鳴らすことが増えているのは事実である。

5. EUへの加入と構成国の権限行使の制限

欧州統合を積極的に進めていくスタンスをとらなかったとしてもEUの構成国である限り、EU機関が法行為を採択することにより、英国を拘束するEU法は日々増え続けている。ここでは、英国がEUに加盟している

---

30) BVerfG, Beschluss des Zweiten Senats vom 15. Dezember 2015, 2 BvR 2735/14; 中西優美子「EU欧州逮捕状の執行に関するアイデンティティコントロールの実施」自治研究93巻1号（2017年）112-121頁。
31) Case C-105/14, Opinion of Advocate General Bot delivered on 18 July 2017, ECLI:EU:C:2017:564, para. 10.
32) Case C-441/14 Dansk Industri (DI), acting on behalf of Ajos A/S v. Estate of Karsten Eigil Rasmussen, Judgment of 19 April 2016, ECLI:EU:C:2016: 278.
33) SCDK, Case 15/2014, Judgment of the supreme court, delivered 6 December 2016.

ことで実際にどのように権限行使が制限されているのかを明確にしたい。

(1) EU の機関と構成国

上述した、Case 26/62 Van Gend en Loos 事件でもまた、Case 6/64 Costa v. E.N.E.L. 事件でも主権の一部である権限が EU に移譲され、EU が独自の機関を擁することが EU 司法裁判所により強調された。すなわち、構成国が、主権の一部である権限を EU に移譲することにより、独自の機関が大きな役割を果たせるようになっている。EU の主要な独自の機関として、立法機関である欧州議会（the European Parliament）と EU 理事会（the Council of the EU）、執行機関に当たる欧州委員会（the European Commission）、さらに、司法機関として EU 司法裁判所（the Court of Justice of the European Union）（司法裁判所と一般裁判所）が存在する（EU 条約 13 条）。

欧州委員会の構成員は、各国から 1 名となっているが、国の代表ではなく、EU の目的・利益の追求のために国から独立して行動しなければならない。EU 機関の中で、もっとも超国家性が強いのが欧州委員会である。欧州委員会の委員は、競争分野を担当する委員、通商分野を担当する委員と役割分担がなされている。英国出身の委員も 1 名いるが、欧州委員会において英国の利益を代表することは許容されない。欧州委員会は、立法提案を独占的に行い、また、競争法分野では競争をゆがめる行動を行った企業に多額の課徴金を課す権限を行使する。最近では、欧州委員会は半導体大手のアメリカクアルコムに日本円にして約 1,350 億円、また、Google に対して約 3,000 億円の課徴金を課した。欧州委員会は EU 法の擁護者としての役割を担っており、構成国が EU 法を遵守しないと、EU 運営条約 258 条に定められる条約違反手続または EU 運営条約 260 条に定められる判決履行違反手続に従い、当該構成国を EU 司法裁判所に提訴する権限を有している。

欧州議会は、EU 市民の代表である 751 名の議員から構成される。英国の議席は、そのうちの 73 議席であるが、議会では国別に着席するのではなく、政治的グループごとに着席することになっている。それゆえ、欧州

議会において英国全体の利益が代表されることはない。

　他方、理事会は、別名閣僚理事会と呼ばれ、各国の代表から構成される。ここで英国は自国の利益を主張することができる。しかし、理事会における可決方法には、全会一致、単純多数決、特定多数決がある。全会一致は、すべての構成国が賛成することが要請される。単純多数決は、現在28か国なので、15か国で多数決となる。特定多数決（Qualified Majority）とは、構成国の15名以上で55％以上の賛成かつ総人口の少なくとも65％以上の賛成を意味する（EU条約16条4項）。特定多数決は、前半の条件から大国だけでは可決できず、後半の条件から中小国だけでも可決できない仕組みになっている。現行のリスボン条約では、全会一致は例外的な場合にのみ用いられ、原則的に特定多数決で決定されることになっている（EU条約16条3項）。理事会では英国は自己の利益を追求できるが、その利益を常に貫徹することはできない。すなわち、特定多数決の場合、英国がたとえ反対票を投じたとしても他の構成国が賛成すれば、採択される可能性がある。その結果、その機関の決定に英国は否応なく拘束されることになる。

　もっともEFTAに属していた、オーストリア、スウェーデン及びフィンランドは1995年にEFTAを脱退し、EUに加盟した。EFTA諸国には、1994年に発効した欧州経済圏（EEA）協定に基づきEU法の中で域内市場に関連する法規が適用されていた。この結果、意思決定に参加しないにもかかわらず、EU法の適用を受ける状況になった。それゆえ、オーストリア、スウェーデン及びフィンランドは、EUの構成国になり、理事会を通じて自国の利益を反映させる方を選んだ。

　欧州議会と理事会は、立法権限を有している。両機関は、欧州委員会の立法提案を審議したうえで、EUの措置を採択する。通常立法手続の場合、両機関の賛成が必要となる。日本企業に影響を与えてきたEUの措置として、電気電子機器における特定有害物質の使用の禁止（RoHS）指令及び廃電子・電気機器（WEEE）指令、並びに、化学物質（REACH）規則がある。これらは、理事会の特定多数決で採択される通常立法手続に従い採択される。また、資生堂などの日本の化粧品メーカーが、EUに製品を輸出するために動物実験をやめることのきっかけとなった、化粧品に関する

動物実験の禁止のための規則 1223/2009 も通常立法手続により採択された[34]。さらに、個人データ保護指令 95/46 に代わり、2018 年 5 月 25 日から施行された、個人データ保護規則 2016/679 も通常立法手続に従い採択された。また、2018 年 5 月 28 日に、欧州委員会は、注目されているプラスチック製品の影響を減らすことに関する指令を提案した[35]。これも EU 運営条約 192 条 1 項に基づき通常立法手続により採択されることになっている。

　指令（directive）の場合、構成国は一定の期限内に指令の結果を達成するために国内法化・国内実施措置（transposition）をとらなければならない（EU 運営条約 288 条）。指令は、指令の内容を実現するために英国で法律が制定されたり、既存の法律が改正される。また、規則（regulation）の場合は、法律のように一般的適用性があり、また、発効すれば、国内手続を経ることなく、そのまま英国を含め EU の全構成国において国内法として直接適用される（同）。つまり、EU 規則はそのまま英国法となる。

　通常立法手続で採択された EU の措置は、英国がそれに賛成していようと不同意であろうと、英国は指令の場合は国内法化・国内実施措置をとることを義務づけられる。また、規則の場合は、そのまま英国を拘束することになる。この点において、英国の議会主権は大幅に制限されることになる。また、英国が採択された指令を国内法化・国内実施しない場合、または、英国が EU 法と合致しない英国法を排除しない場合には、欧州委員会が条約違反手続、その後判決履行違反手続に基づき、EU 司法裁判所に提訴し、最終的には罰金を課されることになる。

　また、構成国に EU の措置を改廃する権限はなく、EU 司法裁判所のみが措置の無効を宣言できる。英国が無権限や重要な手続違反等に基づき措置が採択されたと考える場合には、EU 司法裁判所に取消訴訟を提起しなければならない（EU 運営条約 263 条）。また、EU 司法裁判所は、EU 法

---

34) 中西優美子「EU における動物福祉措置の意義と国際的な影響」中西優美子編『EU 環境法の最前線』（法律文化社、2016 年）86、100-114 頁。

35) COM (2018) 340, Proposal for a Directive on the reduction of the impact of certain plastic products on the environment.

に関し最終的な解釈権限をもっている。英国は、EUの構成国である限り、自らが同意していない措置に拘束され、ひいては罰金（一括違約金と強制課徴金）を課される状況におかれている。もちろん、すべてのEU構成国は同じような状況にあるが、このような状況から出るには脱退しか道はないのは真実である。

(2) EUの権限と構成国

英国などEUの構成国は、条約によりEUに権限を移譲している。移譲している権限の種類には、3種類ある。排他的権限（exclusive competence）、共有権限（shared competence）及び補足的権限（complementary competence）である（EU運営条約2条）[36]。

排他的権限分野の場合、EUのみが権限を行使することが可能である。つまり、EUのみが措置を採択し、条約を締結することができる。EUが締結しようとしている協定の規定事項がすべてEUの排他的権限に属する場合、EUは単独で、つまり、構成国の参加なしで条約を締結できる。この場合の協定は、EUオンリー（Only）協定と呼ばれる。EUは関税同盟、通商政策分野、域内市場の運営に必要な競争法規の設定等に排他的権限を付与されており、英国はこれらの分野ではすでに国内法を制定したり、条約を締結したりすることはできず、大幅に権限の行使が制限されている。

EUが有する権限の大半は、共有権限である。共有権限の場合は、EUと構成国の両方が権限を有しているが、EUが権限を行使すれば、構成国は権限行使を控えなければならない。ここでも英国の立法権限の行使が制限されている。国際条約の場合は、EUと構成国が一緒に条約を締結する混合協定（Mixed agreement）の形をとることになる。例えば、EUと韓国との自由貿易協定（FTA）は、混合協定となっている。また、EU法は国内法に優位するため、EU法に違反する国内法は適用できなくなる。

補足的権限の分野では、権限は構成国に属し、EUは構成国を支援する形でのみ措置をとることができる。

---

36) 中西優美子『EU法』（新世社、2012年）92-96頁。

(3) FTA 締結のための権限

　EU は通商政策の分野において排他的権限を付与されている。最近の FTA は、新世代（new generation）の FTA と呼ばれ、単なる関税引き下げだけではなく、知的財産、競争、投資、環境、労働者保護など幅広い事項を網羅している。それゆえ、EU がすべてに対し排他的権限を有するか否かが不明であった。この疑問に関し、EU とシンガポールの FTA について 2017 年 5 月に EU 司法裁判所が判断を下した[37]。それによると、EU は非直接投資（ポートフォーリオ）及び ISDS（Investor-State dispute settlement、投資家対国家の紛争解決）以外の事項につき、排他的権限を有する。他方、非直接投資及び ISDS の事項については EU と構成国の共有権限となるとした。EU と日本の経済連携協定（EPA）は、2017 年 12 月に合意されたが、EU とシンガポールの FTA に関する裁判所意見 2/15 を受け、問題となる投資保護分野を外し、それについては別途投資保護協定を締結すべく交渉が続けられている。なお、シンガポールは、EU の提案する投資裁判所を受け入れたため、EU とシンガポールは、FTA と投資保護協定の両方の交渉を終了した。前者は、EU オンリー協定として、後者は混合協定として締結される予定である。

　日本と EU は、2018 年 7 月 17 日に EPA に署名した。これは、EU と EU の構成国が参加する混合協定ではなく、EU が単独で日本と締結できる EU オンリー協定となっている[38]。EPA 締結のための法的根拠条文は、EU 運営条約 91 条、100 条 2 項及び 207 条となっている[39]。EU 運営条約 91 条及び 100 条 2 項は、運輸分野の権限であり、他方 EU 運営条約 207 条は通商政策分野の権限である。すべての法的根拠条文は、通常立法手続

---

37) CJEU, Opinion 2/15, Opinion16 May 2017, ECLI:EU:C:2017:376; 中西優美子「EU とシンガポール間の自由貿易協定（FTA）に関する EU の権限」国際商事法務 Vol. 45, No. 9（2017 年）1348-1354 頁。
38) EPA の和文テキストは、https://www.mofa.go.jp/mofaj/files/000382088.pdf(last accessed on 30 July 2018)；中西優美子「新世代の日本・EU 間の経済連携協定（EPA）」http://www.bk.mufg.jp/report/insemeaa/BW20180608.pdf (last accessed 26 June 2018)。
39) COM (2018) 192.

を定めているため、EPA の締結のための理事会決定は特定多数決で可決可能であると考える。なお、EPA と同時に民主主義、法の支配、人権の尊重など政治的な諸原則を定める戦略的パートナーシップ協定（SPA）も締結された。SPA 締結のための法的根拠条文は、EU 条約 37 条及び EU 運営条約 212 条 1 項である[40]。EU 条約 37 条は、共通外交及び安全保障政策分野における条約締結のための条文であり、他方 EU 運営条約 212 条 1 項は、第三国との経済的、財政的及び技術的協力のための法的根拠条文である。共通外交及び安全保障政策分野では、理事会は全会一致が原則のため、理事会の締結決定は全会一致が要請されると考える。SPA は、混合協定の形で締結されることになる。

　EU は、非直接投資及び ISDS を除き、FTA を交渉し、また、締結することに対して排他的権限を有している。この結果、英国は立法権限のみならず、条約締結権限を EU に移譲しており、英国が現在脱退後のことを考えて、第三国と条約交渉したり、条約を締結することが不可能ということになる。つまり、通商政策分野の権限を EU に移譲しているため、現時点においては、英国は、日本と FTA の交渉を開始することはできないということになる。また、英国は環太平洋パートナーシップ協定（TPP）に入る検討をしているが、こちらも交渉は脱退してから許される。

6.　脱退と再加入

　脱退により、英国は EU に移譲していた権限を取り戻すことができる。脱退することで主権を形式的には取り戻すことはでき、議会は再びすべての分野において立法権限を有し、国内立法を自由に行い、第三国と条約を締結することができるようになるだろう。ただ、脱退は、権限を移譲することによって得ることができていたメリットを享受できないことを意味する。まず、単一市場のメリットを失うだろう。対外関係においても影響がある。EU オンリー協定は、確かに EU のみにより批准され、構成国によ

---

40) COM (2018) 10.

る批准を必要としない。しかし、EU オンリー協定の場合であっても理事会は委員会にマンデートを与え、それに基づき第三国や国際会議において交渉する。つまり、理事会に代表を送っていれば、英国の利益を考慮して交渉を進めてもらうことが可能であった。また、1 国に戻ってしまった英国は、EU やその他の第三国または国際機関の条約交渉でどこまで国益を条約に効果的に反映することができるだろうか。

もっとも再び英国が EU に加盟する道は開かれている（EU 条約 50 条 5 項）。ただその場合、現在英国に認められているオプトアウト権、すなわち経済通貨同盟からのオプトアウト、移民・難民制度からのオプトアウトは認められず、すべての連合既得事項（the Union's aquis）を無条件で受け入れなければならない。主権をいったん取り戻すことの代償は大きい。

7. おわりに

構成国は条約により権限を移譲することで EU を創設した。EU 機関は、EU 条約及び EU 運営条約において規定された法的根拠条文（legal basis）を基礎にして、EU 法行為（規則、指令、決定など）を採択し、また、条約を締結する。英国が EU の構成国である限り、日々採択される EU 法行為及び EU が締結する条約に拘束され続け、それにつれ英国議会の主権が制限される範囲は拡大し続ける。

英国離脱派が主張した行き過ぎた EU 法行為は EU 制度（特に権限に関する三原則の適用）により是正され、その批判は不適切であったと考えられる。しかし、実際に EU への権限移譲の範囲は広がっており、それを否とし、主権をとり戻すには脱退しか道はないだろう。ただ、EU 構成国であることにより、英国の利益が立法手続過程の中である程度反映され、また、英国にはオプトアウトが様々な分野で認められていたことを考えると、脱退を選択したことが必ずしも賢明な選択とは言えない。

EU は、ユーロ危機、難民危機、テロリズム、さらに、欧州ポピュリズム[41]にさらされている。危機が生じる度に、構成国は EU に権限をさらに移譲すること、あるいは EU 法行為を採択することで、乗り切ってきた。

EUへの権限移譲は自国の権限を制限することを意味する。権限移譲に見合わない状況、EUがうまく対処できない問題が生じてしまうとき、EU構成国はEUを批判するだろう。ただ、上述したように、シューマン宣言に謳われているように、EUはもともと欧州の平和のために創設された。また、ドイツ基本法（憲法）の前文には、ドイツが統一されたヨーロッパにおける同権をもった一員として世界の平和に寄与することが掲げられている。究極的には、そのような信念を共有することができれば、EU脱退は選択肢に入らないだろう。

（2018年7月31日脱稿）

41）庄司克宏『欧州ポピュリズム』（ちくま新書、2018年）。

第1部　Brexit はなぜ起きたのか

第2章　EU 単一市場と英国の EU 離脱
――Brexit の中心にある域内市場

早稲田大学大学院法務研究科教授　須網 隆夫

1. はじめに――なぜ「単一市場」に注目しなければならないのか

　英国（イギリス）の EU 離脱（Brexit）に関する議論の中で、「単一市場（Single Market）」という言葉を聞くことが多い。特に Brexit 後に、英国の単一市場へのアクセスが可能であるかは、英国に製造・営業拠点を有する日本企業にとって、おそらく最も重要なテーマであり、様々に議論されている。しかしそこにおいて、単一市場の意味が十分に理解されているかは必ずしも明確ではない。単一市場とは、文字通りに理解すれば「一つの市場」であるが、それでは、「一つの市場」とは何を意味するのであろうか。

　単一市場（EU 基本条約は「域内市場（Internal Market）」と呼んでいるので、以下には域内市場で統一する）は、EU の実現しようとしている欧州統合の根幹である。そして、その意味は、長期にわたる EU 司法裁判所の判例の蓄積によって明らかにされており、それらの判例が構築してきた法理の理解なしに域内市場の意味を把握することはできない。EU は、ほぼ国家に匹敵するほどの広範な分野で活動する地域的な国際組織であるが、その基礎は、EU 域内において商品・人・サービス・資本という4つの要素が、加盟国間の域内国境を越えて自由に移動できることが保障された、この域内市場にある。域内市場は、EU 域内でのビジネスに従事する企業に、規模の経済を享受できる広大なビジネス空間を提供し、ヨーロッパ企業のみならず、アメリカ、アジアの諸企業がその利益を享受し、ヨー

ロッパ経済の成長に貢献してきた。

　しかし、域内市場に含まれるのはプラスの要素ばかりではない。Brexit が示したことは、域内市場の現在の在り方それ自体が、Brexit に至る様々な危機の一因ともなっている構図である。すなわち、ユーロ危機の前提である共通通貨ユーロの導入は、域内市場完成のために不可欠であると位置付けられてきたし、人の自由移動は、東欧諸国から英国への移民を可能にして 2016 年 6 月の Brexit 国民投票の争点となっただけでなく、EU 域外から大量の難民が EU に流入する要因でもある。さらに英国社会における格差拡大も、部分的には、社会的規制より自由移動が優先された結果である。個々に独立していた加盟国市場の統合は、「経済と社会の分離」という考え方に基づく。しかし、経済統合の深化により、自由移動と社会的価値（環境、労働、人権、文化等）との抵触が生じざるを得ない。そして域内市場を前提にする限り、抵触は、概ね自由移動に有利に解決されて、国家が保護してきた社会的価値は棄損されてしまう。換言すれば、EU 権限が及ぶ様々な分野で、EU 加盟国であるがゆえに、英国の決定権は損なわれざるを得ない。このように、EU の発展を支えてきた域内市場自体に、Brexit を引き起こした要因が内在していたのである。そうであれば、EU 離脱後の英国の単一市場へのアクセスは、域内市場の在り方に変化がない限り、制限されざるを得ないであろう。

　以下には、まず EU 基本条約及び EU 司法裁判所の判例が定義した域内市場の概念を概観し、その上で、域内市場の在り方が Brexit の要因となっていることを、「英国の主権への影響」と「自由移動と社会的価値の相克」という二つの観点から検討する。

2.　域内市場と国内市場

(1)　共同市場から域内市場へ

　前述のように、EU 基本条約（EU 条約・EU 運営条約を中心とする）は、単一市場ではなく、域内市場という用語を使用している。域内市場は、1987 年に発効した、それまでの欧州経済共同体（EEC）条約を改正する「単

一欧州議定書(Single European Act)」により、基本条約に新たに導入された概念であり(EEC 条約 7 a 条)、2009 年のリスボン条約発効までは、EEC 創設以来の「共同市場(Common Market)」という類似の概念(域内市場も共同市場も 4 つの自由移動を中心とするが、域内市場には共同市場が想定していない、国境検問の廃止が含まれている)と基本条約中において併存していた。共同市場は、共同体の目的達成の中心的手段として、長らく基本条約の中核にあった(EEC 条約 2 条、7 条)が、「共同市場」概念は、リスボン条約によって基本条約から全て削除され、現在は「域内市場」概念に集約されている。現行基本条約により、域内市場の設立は、EU の目標と規定され(EU 条約(以下、TEU とする)3 条 3 項)、EU には、そのための権限が与えられている(EU 運営条約(以下、TFEU とする)4 条 2 項(a))。このような域内市場は、EU 基本条約のあちこちで言及され、EU の中核概念となっており[1]、EU 司法裁判所も、域内市場の完成が EU 基本条約の根本目的であると繰り返し判示している[2]。

(2) 域内市場の定義

それでは、域内市場とはどのような「市場」であるのだろうか。EU 基本条約は、域内市場につき一定の定義を与えている。すなわち、TEU 3 条 3 項は、「EU は域内市場を設立しなければならない」と規定するところ、TFEU26 条 2 項は、その域内市場を、「商品・人・サービス・資本の自由移動が保障される域内国境のない領域である」と定義している。国家間では、商品・人・サービス・資本は自由に移動できないのが原則であるところ、日本市場を念頭におけば理解できるように、国内市場の内部では、自由移動が当然の前提である。EU における域内市場の本質は、従来の共同市場と同じであり、経済活動に必要な諸要素が、域内国境を越えて自由に移動できることにある。換言すれば、域内市場とは、EU の地理的領域全体に、主権国家の国内市場類似の領域が設立されることを意味する。欧州

---

1) TFEU81 条、113 条、116 条、118 条、326 条など。
2) 例えば、Joined Cases C-403/08 and C-429/08 Football Association Premier League and Others, 4 October 2011.

司法裁判所(現 EU 司法裁判所)は、共同市場を、国内市場を統合して国内市場に可能な限り近い条件を備えた単一市場であると判示したが[3]、その定義は、域内市場にも妥当する。要するに、域内市場とは、加盟国ごとに独立して存在していた国内市場を、単一のヨーロッパ市場に統合したものであり、域内市場内部では、国内市場で可能であることが原則として可能でなければならない[4]。

もっとも、上記の定義によって、域内市場の意味が全て明らかになったわけではない。加えて、域内市場の概念は、EU 司法裁判所の判例の発展及び新たな EU 立法によって常に変容し、再定義されるダイナミック概念でもあり、一義的に確定できないあいまいな概念でもある[5]。以下には、基本条約の規定と EU 司法裁判所の判例法から、域内市場を規律している諸原則をさらに検討する。

(3) 自由移動の構造

① 域内市場における自由移動と社会的価値の抵触の構造

商品・人・サービス・資本という経済活動に不可欠な4つの要素の自由移動がどのように実現されるかにつき、TFEU は、それぞれの自由移動に関する規定を個別的に置いている[6]。各自由移動は、それぞれの特殊性に応じて、異なって規定されながらも、全体としては共通する原則に規律されている。それらは、各要素に関する「自由移動の原則的保障」と非経

---

[3] Case 15/81 Gaston Schul, [1982]ECR1409, para.33; Case 207/83 Commission v. UK, [1985] ECR1201, para.17.

[4] 須網隆夫「EU 市場統合の深化と非貿易的関心事項」日本国際経済法学会編(編集代表・村瀬信也)『国際経済法講座I――通商・投資・競争』(2012年、法律文化社) 255頁。

[5] Stephen Weatherill, The Internal Market as a Legal Concept 1-2 and 29 (2017).

[6] すなわち、商品の自由移動に関して TFEU34〜36条、労働者の自由移動に関して TFEU45〜48条、開業の自由に関して TFEU49〜55条、サービスの自由移動に関して TFEU56〜62条、資本の自由移動に関して TFEU63〜66条が、それぞれ規定している。域内関税の禁止は、内国税制の差別禁止によって補完されている(TFEU100条)。人の自由移動については、さらに EU 市民権が関係する。マーストリヒト条約によって導入された EU 市民権 (TFEU21条)は、EU 市民の域内における移動・居住の権利を定めており、EU 司法裁判所は、EU 市民権を加盟国国民の基本的地位と高く評価している(Case C-184/99 Grzelczyk v. Centre public d'aide sociale d'Ottignies-Lovain-la-Neuve, [2001]ECR I-6193, para.31; 中村民雄・須網隆夫編著『EU 基本法判例集[第2版]』(2010年、日本評論社) 252-260頁。

済的な公益的理由を根拠に例外として認められる「自由移動の制約」の組み合わせである[7]。なお、自由移動は、政府規制などの公的障壁だけでなく、企業間のカルテルなどの私的障壁によっても制約されるところ、私的障壁には、TFEU101～102条を中心とするEU競争法が対応しているが[8]、本稿は、前者だけを対象にしている。

② 自由移動に対する制約の禁止

域内市場を規律する第一の原則は、自由移動に対するあらゆる制約の禁止である。これにより、加盟国が課す公的規制の多くが、自由移動への制約に該当するとして禁止の対象とされ、排除されてきた。禁止されるものは、第一に、「国籍に基づく差別」である。差別の禁止はEUの根本原則であるが（TEU 3条3項）、特に国籍差別の禁止（TFEU18条）は、域内市場を貫く根本原則である。人の移動に関して、他の加盟国国民が差別されないだけでなく、商品・サービスの場合は、他の加盟国原産の商品・サービスを差別しない領域が域内市場である。国籍差別の禁止は、商品・人の自由移動に関する規定の中で、さらに具体化されているが（TFEU37条1項、45条2項）、EU司法裁判所の判例法により、国籍差別の禁止対象は、国籍を基準とする直接的な差別だけでなく、国籍以外の基準（例えば、居住地・言語）を適用しながら、国籍差別と同様の結果を生じる間接差別をも含む[9]。もっとも、EUの場合、間接差別を含むので差別禁止の範囲が広いとは言え、国籍差別の禁止だけであれば、内国民待遇を規定する、WTO協定を始めとする多くの通商協定が目指すところでもあった。しかし、禁止の対象は第二に、国籍差別の要素を含まない無差別的な規制にも及んでいる。差別的要素を含まない加盟国規制は、例えば、他の加盟国原産品と国産品の双方に区別なく適用されて、両者に同じ負担を課すと想定される。それにもかかわらず、その種の規制が自由移動を制約し得るとEUは考える。その代表例は、1979年のCassis de Dijon事件先決裁定が、

---

[7] 須網隆夫『ヨーロッパ経済法』（新世社、1997年）70-72頁。
[8] EU競争法は、域内市場における有効競争の維持を目的とし、事業者間の市場分割協定等は、域内市場と両立しないとして禁止される（TFEU101条・102条）。但し、競争法の一部である国家援助規制は、加盟国の公的行為を対象としている（TFEU107条・108条）。
[9] 須網・前掲注7）70-71頁。

商品の自由移動について明らかにしたように、輸入国の規制が、輸出国の規制と異なるために、輸出国で適法に生産された製品の輸入国での販売が禁止される場合である[10]。その結果、域内市場では、輸出国と輸入国の規制内容の相違が、非関税障壁として機能することが許されなくなり、輸入国は、輸出国で輸出国の規制に従って生産された製品が、自国の規制が課す要件を満たさない場合でも、その輸入・販売を受け入れねばならなくなった。これが、「規制の相互承認」である。域内市場は、商品・サービスだけでなく、人・資本の移動をも対象とするために、自由貿易地域・関税同盟とは質的に異なるが、さらにこの相互承認原則が自由移動一般に確立したことにより、真に一体的な市場として機能できるようになったのである。

③　制約禁止の例外

しかし、国内市場と異なり、域内市場における自由移動の保障は絶対ではない。域内市場の第二の原則は、加盟国が、一定の公益上の理由に基づいて自由移動を制約できることが、自由移動原則の例外として認められていることである。禁止の対象となる制約の範囲は広く解釈されているので、それが例外的に正当化されるかどうかが真の争点となることが実際には多い[11]。EUが国家ではなく、その権限が限定されており、多くの権限がなお加盟国に留保されている以上、域内市場と加盟国の権限行使との調整は不可避である。この公益上の理由に基づく制約の正当化を利用して、域内市場の根本原則である自由移動と加盟国独自の利害の調整が計られるのである。もっとも、前述の禁止の対象が無差別的規制までを含むように広く解釈されるのに対して、例外の範囲は限定的に解釈される。例外が安易に認められて、その範囲が拡大することにより、域内市場の根本である自由移動の原則が掘り崩されることを警戒するからである。

さて例外を正当化する「公益上の理由」には、基本条約が明示するものと判例によって形成された「合理の理論（rule of reason）」が認めるものの2種類がある。すなわち基本条約は、1950年代に締結されたEEC条約

---

10) Case 120/78 Rewe v. Bundesmonopolverwaltung für Branntwein, [1979]ECR649; 中村・須網、前掲注6) 175-180頁。
11) Weatherill, *supra* note 5, at 47.

以来、自由移動を制約し得る公益上の理由を明示している。例えば、商品の自由移動の場合、公衆道徳、公序（public policy）、治安、人・動物・植物の健康・生命の保護、芸術的・歴史的・考古学的価値を有する国民的貴重品の保護、産業的・商業的財産の保護という諸理由が列挙されている（TFEU36条）。しかし、基本条約が明示する理由は、EEC条約以来、まったく改正されていない。他方、EEC設立後の社会状況の変化に伴い、基本条約に規定されていない理由により自由移動を制約する必要が生じた。合理の理論は、そのような必要に対応するために、前述のCassis de Dijon事件先決裁定が認めた判例理論であり、基本条約が明示していない公益上の理由が広く認められる可能性を開き、その後の判例で、「環境保護」、「生物多様性の維持」、「文化・芸術的財産の保護・促進」、「報道の多様性の維持・促進」、「動物の保護」、「スポーツの特別な性質」、「中小企業の維持」、「労働者の集団的行動権の保護」などが例外事由として認められている[12]。

(4)　域内市場の実現手段——消極的統合と積極的統合

　以上のような域内市場は、自由移動の制約を取り除くことによって実現する「消極的統合（negative integration）」と、加盟国法の調和により実現する「積極的統合（positive integration）」の双方を法的手段として構築されてきた[13]。

　前述のように、自由移動に対する制約を禁止するTFEUの諸規定及びその解釈（例えば、規制の相互承認）により、加盟国規制によって生じる制約の多くは排除され、域内における自由移動が可能となる。これを普通「消極的統合」と呼ぶ。しかし、消極的統合だけでは自由移動は実現しない。消極的統合は、加盟国法の内容には介入しないので、加盟国間に存在する規制内容の相違により生じる障壁は排除されないからである。そのためEUには、EU立法を制定して、加盟国法を積極的に調和する権限が付与されている（TFEU114条・115条）。もっとも、前述のCassis de Dijon事件裁定以来の相互承認原則の確立により、積極的統合を必要とする範囲

---

12)　*Id.* at 103-104.
13)　須網・前掲注4）256-257頁。

は、加盟国が、公益上の利益により自由移動を制約することが認められる範囲に限られる。加盟国による制約が正当化される限り、相互承認原則にもかかわらず、引き続き自由移動が妨げられるからである。そして正当化が広く認められれば、域内市場の一体性を確保するためには、その分だけ、EU立法による調和が必要となる[14]。

英国の離脱は、このような複雑なEUの法的枠組みから自由になることを意味するが、他方、離脱すれば、必然的に、法的に統合された域内市場へのアクセスが得られなくなる。関税を度外視すれば、離脱時点では、英国法とEU法間の相違は目立たず、英国から域内市場へのアクセスの困難はさほどではないかもしれない。しかしその後、時間の経過とともに、新たに制定されるEU立法と英国法間の相違は拡大せざるを得ず、自由移動を制約することになるであろう。

(5) 域内市場と国内市場の相違

最後に、域内市場は、国内市場と類似の状況をEU内に作り出すことを意図しているが、なお国内市場とは異なる存在であることにも注意しなければならない。

第一に、どの主権国家においても、いったん成立した国内市場は安定した存在である。しかし、域内市場の形成は終わりのない過程であり、1992年末の期限も終末点ではなかったと指摘されている[15]。欧州委員会も、域内市場が決して完成しない動的なプロセスであることを認めているように[16]、域内市場は不安定かつ浮動的な存在である。すなわち、域内市場の

---

14) なお、調和立法が制定されても、必ずしも制約が消滅するとは限らないことにも注意が必要である。TFEUは、EUによる調和立法が制定された後も、加盟国が、TFEU36条が列挙する理由・環境保護・労働環境を理由に国内規制を維持できること（TFEU114条4項）、加えて、調和立法制定後に当該加盟国に生じた特別な問題のために、環境保護又は労働環境に関して新たな国内規制を導入できることを（同114条5項）、それぞれ認めているからである。但し、加盟国は、国内規制の維持・導入を欧州委員会に告知し、それらが域内市場の機能への障碍を構成するか否かの審査を受けなければならない（TFEU114条6項）。そして、加盟国が調和措置に反する国内措置の維持・導入を認められる場合には、委員会は、調和措置の修正を検討しなければならない（同7項）。

15) Weatherill, *supra* note 5, at 27.
16) Commission, Internal Market Scoreboard no.11, 11 November 2002, (COM (2012) 573, at 4.

実質は、EU 立法の制定・EU 司法裁判所の判例とともに、加盟国の新たな立法制定により、常に変化を余儀なくされる。仮に一旦域内市場が成立したと仮定しても、その後の加盟国による立法制定及び EU 司法裁判所による例外の許容範囲の拡大により、域内市場は簡単に分断されてしまう。そのため、統合された域内市場を維持するためには、EU・加盟国双方に不断の努力が求められることになる。

　第二に、域内市場は、加盟国法の相違による自由移動への制約を本質的に内包しており、構造的に、国内市場と全く同じ統合度が予定されているわけではない。まず、前述のように、基本条約は、加盟国が公益上の理由により制約を維持することを、一定範囲で許容している。すなわち、各自由移動の保障は絶対的ではなく、各自由移動に規定された例外及び TFEU114 条 4 項以下に規定された例外に加えて、少なからぬ政策分野で、EU 立法による調和措置よりも厳格な内容の措置を加盟国が維持できることを基本条約が一定の条件の下で許容している[17]。さらに、EU 立法による調和措置自体が、加盟国がその内容と異なる独自の国内規制を維持できる可能性を認める場合もある[18]。加盟国が EU 立法より厳格な内容を定めることを認められることは、その限りにおいて、域内市場は、域内国境に沿って細分化されたままであることを意味する。例えば、EU は、1990 年代前半から EU 立法の制定により、電力域内市場の創設を追求してきた[19]。しかし、他方で EU 司法裁判所は、2014 年の先決裁定で、加盟国間の自由な電力移動を妨げる国内規制が、環境保護を理由に正当化できることを認めた[20]。これにより、加盟国間における電力市場の統合は、すぐには

---

17) 例えば、社会政策（TFEU153 条 4 項）、公衆衛生（同 168 条 4 項(a)）、消費者保護（同 169 条 4 項）、環境保護（同 193 条）の条文は、加盟国が、調和措置よりも厳格な措置を維持または導入できることを規定している。
18) 例えば、消費者保護を目的とする指令には、調和が最低限であることを示す、最低限調和条項が挿入されることがあり、この場合、加盟国は、基本条約ではなく、指令を根拠により厳しい国内法を維持・導入できる。
19) 代表的な立法として、Directive 2003/54/EC of 26 June 2003 concerning common rules for the internal market in electricity and repealing Directive 96/92/EC, OJ 2003, L 176/37 がある。
20) Case C-573/12 Ålands Vindkraft AB v. Energimyndigheten, 1 July 2014; Anouk van Der Wansem, *Judgment of the European Court of Justice, 1 July 2014*, 42 Legal Issues of Economic Integration 401-410 (2015).

実現しないだろうと指摘されている[21]。域内における規制の完全な統一に基づく、国内市場と同様の市場の全面的な統合は、EUにおいて容易には実現できないと思われる。なぜなら、そのためには、規制の決定権が、加盟国からEUに全面的に移転しなければならず、加盟国の既存の自己決定権を損なうからである。域内市場の観点からは問題があるとは言え、現在のEU内の多様性は、各加盟国において、個々の加盟国の様々な事情に配慮した国内政治過程で決定された結果であり、そのような多様性を簡単になくしてしまってよいかにつき明確な答えはない[22]。

3. 域内市場に内在するBrexitを生じさせた要因

さて、以上のような域内市場統合の発展は、以下の二つの点において、Brexitに向かう政治的圧力を生み出してきたと考えられる。第一は、域内市場が、英国の国家主権との緊張関係を常に生じさせること、第二は、域内市場に、各加盟国で保障されてきた個人の権利を低下させる構造が内在していることである。個々に論じる。

(1) 国家主権と域内市場——域内市場法の適用範囲
① 問題の所在

今回のEU離脱の決定に限らず、EUに関する英国の議論では、国家主権が常に一つの中心であった[23]。加盟国政府代表によって構成される閣僚（EU）理事会における決定が、原則として特定多数決という変型多数決で行われ、しかも特定多数決によって決定されたEU立法が、加盟国法に優位することが示すように、EU加盟国の国家主権の行使は、本質的に制約されている。そのこと自体は、域内市場に限らず、あらゆる政策分野に共通であるが、域内市場には、国家主権をめぐる議論を過熱させる要素が含

---

21) van Der Wansem, *supra* note 20, at 410.
22) Weatherill, *supra* note 5, at 143, 220 and 222.
23) 尾上修悟『BREXIT「民衆の反逆」から見る英国のEU離脱——緊縮政策・移民問題・欧州危機』（明石書店、2018年）135-138頁。

まれていることに留意しなければならない。それは、域内市場に関連して、EU権限の範囲が極めて広く解釈される余地があることである。EUは、加盟国がEUに移譲した国家権限を、EUが加盟国に代わって行使することにより成り立っており（「権限付与の原則」TEU 5条1項）、EUに移譲されなかった権限は、引き続き加盟国が保有する（同4条1項）。EUと加盟国間の権限配分は、基本条約の起草過程において、加盟国間で慎重に合意された事項であり、基本条約により、EUには政策分野ごとに一定の政策決定権限が与えられるにとどまり、一般的に加盟国法を調和させる権限は与えられていない[24]。EU加盟国は、EU権限の無制約な拡大と行使を警戒しており、そうであるからこそ、基本条約によってEU権限の範囲を限定するとともに、その行使をも補完性・比例性原則により、真に必要な範囲に統制しようとしている[25]。ところで、域内市場を設立し維持するために、EUには調和立法の制定権限が与えられているところ（TFEU114条）、域内市場を目的とする調和立法の制定は、個々の政策分野を超えて分野横断的に及ぶ。その結果、基本条約が本来予定していた範囲以上の権限がEUによって行使され、加盟国に残された権限が侵害されるのではないかとの懸念が生じるのである[26]。換言すれば、EUが域内市場という目標を掲げたことにより、加盟国に残されている権限は、絶えず脅威に晒されることになる。

② 域内市場のための調和立法権限

EU権限を詳細に検討してみよう。TFEU114条（旧EC条約95条）は、域内市場の設立・運営を目的として、加盟国法を接近させる権限を、続く同115条（旧EC条約94条）は、域内市場の設立又は機能に直接に影響する加盟国法を接近させる権限をそれぞれ規定している[27]。両者はいずれも、域内市場に関連して、加盟国法に介入する広範な権限をEUに付与し

---

[24] 須網隆夫「EUの発展と法的性格の変容——『EC・EUへの権限移譲』と『補完性の原則』」大木雅夫・中村民雄編著『多層的ヨーロッパ統合と法』（聖学院大学出版会、2008年）275-298頁。
[25] 須網・前掲注24) 298-309頁。
[26] Weatherill, *supra* note 5, at 11 and 48.
[27] Robert Schütze, From Dual to Cooperative Federalism, The Changing Structure of European Law 143-151 (2009).

ているが、立法手続・利用可能な法的手段の点で異なっており、立法根拠としてより利用頻度が高いのは、通常立法手続（理事会における「特定多数決による決定」と「欧州議会の拒否権」を特徴とする）による立法を定める TFEU114 条である。同条 1 項は、リスボン条約以前の EC 条約 95 条を引き継ぎ、EU は、「域内市場の設立と機能を目的とする、加盟国法接近のための措置」を採択しなければならないと規定する。TFEU26 条 1 項は、EU は、域内市場の設立又はその機能の確保を目的とする措置を定めなければならないと一般的に規定しているところ、114 条はその特則と位置づけられる。

　114 条に特徴的であるのは、その立法権限の範囲が広いことである。域内市場は、加盟国経済のほぼ全分野に影響するために、域内市場との関連を緩やかに解釈する限り、EU 権限の範囲は極めて広くなるが、これまでの EU 司法裁判所の判例法は、域内市場との関連を比較的容易に認めている。例えば、経済活動への関与が認められる限り、域内市場立法の対象になると解釈されている。プロのスポーツ団体の行為（具体的には、ベルギー・サッカー連盟とヨーロッパ・サッカー連盟が定めた選手の移籍金に関するルール）が自由移動規定の対象となることを認めた、1995 年のボスマン事件先決裁定は、その例である[28]。判例は、人の移動のような基本原則は、広く解釈しなければならないとの立場から、自由移動規定適用のために、加盟国国民が、自由移動の権利を実際に行使していることは必要ないとも判示しており、域内市場との関連に必要な越境的要素は比較的簡単に認められている[29]。もちろん、一加盟国の純粋な国内事項には EU 法は適用されないとの判示は一貫しているが[30]、最近の人の移動に関する判例では、前述のように実際に国境を越えて移動しておらず、終始一加盟国内にとどまっている者についても、EU 市民権が加盟国国民の根本的地位であるこ

---

28) Case C-415/93 Bosman, [1995]ECR I-4921; 中村・須網、前掲注 6) 226-234 頁; Weatherill, *supra* note 5, at 44-46.

29) Weatherill, *supra* note 5, at 79-80; Case C-200/02 Zhu and Chen, [2004]ECR I-9925, paras.19 and 31.

30) Case C-64/96 and C-65/96 Land Nordrhein Westfalen v. Uecker, Jacquet, [1997]ECR I-3171, para.16.

とに言及して自由移動規定の適用を認めるので、純粋国内事項の範囲が揺らいでもいる[31]。このような緩やかな解釈の結果、域内市場と全く関係ないと断言できる加盟国の規制領域はむしろ少ないかもしれない。

　もちろん、権限付与の原則により、114条がEUに付与する権限の範囲には限界があり、その限界を特定する努力も見られる。114条の指導的判例である2000年のタバコ広告指令事件判決は、114条の前身であるEC条約95条等を根拠に採択された、タバコの広告を広く禁止する指令について、同条の権限を、域内市場の形成と運営のための諸条件を向上させることを意図した立法の根拠となると限定的に解釈し、指令の目的・内容が、根拠条文による権限の範囲を逸脱していることを理由に、指令を無効と判断した[32]。同判決は、95条に依拠するためには、当該立法は、域内市場の形成と運営のための諸条件の向上を「真正に目的としなければならず」、加盟国法の相違が直ちに95条の使用を正当化するものではなく、当該立法が除去しようとする競争の歪曲は、「知覚可能な程度（appreciable）」でなければならないと判示した[33]。加盟国法間の相違は、自由移動を妨げて、域内市場の機能に直接に影響を及ぼさなければならないとの趣旨である[34]。その後もEU司法裁判所は、EC条約95条に基づくEU立法の目的[35]、

---

31) Weatherill, *supra* note 5, at 81 and 83; Case C-200/02, *supra* note 29; Case C-34/09 Ruiz Zambrano, [2011]ECR I-1177, paras.41-44.
32) Case C-376/98 Germany v. European Parliament and Council, [2000]ECR I-8419, paras.83-84 and 106; 中村・須網、前掲注6) 122-130頁。
33) Case C-376/98, *supra* note 32, paras.84 and 106.
34) この趣旨は、その後の判例でより明確にされている（Case C-210/03 Swedish Match, 14 December 2004, para.29; Case C-380/03 Germany v. Parliament and Council, 12 December 2006, para.37; Case C-58/08 Vodafone, 8 June 2010, para.32)。但し、その後の判例は、95条を根拠とするために、当該立法が対象とするあらゆる状況において、加盟国間の自由移動と現実の関連が存在する必要はないとも判示している（Case C-101/01 Lindqvist, [2003]ECR I-12971, para.40; Case C-380/03, para.80)。
35) 例えば、95条に基づく立法は、加盟国法の発展の相違から、将来、障壁が発生することを防ぐためにも使用できるが、その種の障壁の発生には蓋然性がなければならず、さらに当該立法は、それを妨げるために立案されていなければならない（Case C-210/03, *supra* note 34, para.30; Case C-380/03, *supra* note 34, para.38; Case C-58/08, *supra* note 34, para.33)。他方、95条の条件が満たされていれば、当該立法に、他の公益目的（国民の健康保護・消費者保護）が存在しても、95条に依拠することができる（Case C-210/03, *supra* note 34, para.31; Case C-380/03, *supra* note 34, para.39; Case C-58/08, *supra* note 34, para.36)。

EU 立法の内容である加盟国法を接近させる措置の範囲について判断を蓄積し[36]、95 条による権限の限界が特定されている。例えば、95 条の調和措置により、加盟国法の調和ではなく、加盟国法による協同組合と併存する、共同体レベルの新しい法主体を作り出すことはできないことが明らかにされている[37]。このように、EU 司法裁判所は、EU 権限の限定に努力しており、2006 年の PNR 協定事件判決も、アメリカとの乗客氏名情報の提供のための国際協定締結を認める理事会決定について、やはり EC 条約 95 条が根拠となることを否定し、決定を無効としている[38]。しかし、権限踰越が認められた例は全体としてはやはり少ない。Weatherill は、確かに前述のタバコ広告事件判決は、EU 権限の範囲を限定したが、その後の判例は、EU 立法の権限付与原則違反をほとんど認めていないと指摘している[39]。

要するに、これらの判例が示すように、域内市場を実現する EU 立法の根拠となる 114 条は、権限付与の原則に基づいて EU 権限を画定しているが、権限の範囲を限定する機能は比較的弱い。加盟国法間の相違だけでは EU 権限を根拠づけるのに十分でないことは明らかであるが、「実際には、

---

36) 加盟国法を接近させる措置の範囲はしばしば争われる（Kathleen Gutman, *annotation of Case C-66/04 Smoke Flavorings; Case C-436/03,SCE; & Case C-217/04, ENISA,* 13 Columbia Journal of European Law 147-187 (2006)）。95 条は、立法者に、当該事項に関して、加盟国法の接近を実現するために、最も適切な方法を選択する裁量権を与えている（Case C-217/04 ENISA, [2006]ECR I-3771, para43）。そのため、EU による措置は、加盟国法を直接に調和させる措置に限定されず、それ以外の措置（例えば、加盟国法の接近につながる、多段階の手続を定める）も可能であるが、その場合には厳格な条件が課される。すなわち、立法者は、(1)調和措置の本質的要素を定めなければならず、(2)それらの要素を実施するメカニズムは、調和を実現するように設計されなければならない（Case C-66/04 Smoke Flavorings, [2005] ECRI-10553 paras.45-49）。そのため、EU 立法の名宛人は加盟国に限定されず、加盟国法の調和を促進するために、拘束力のない支援措置の採択が適当である場合には、その責任を負う共同体機関を設立することもできる（Case C-217/04, para.44）。但し、(1)機関の任務は、加盟国法の接近のための措置の対象事項と密接に関連していなければならず (para.45)、(2)当該機関の目的・任務は、調和措置の実施を支援し、その枠組みを提供するものでなければならない (para.47)。

37) Case C-436/03 SCE, [2006]ECR I-3733, paras.38-44.

38) Joined Cases C-317/04 and C-318/04 Parliament v. Council, Parliament and Commission, 30 May 2006 paras.67-70; Gráinne Gilmore and Jorrit Rijpma, *annotation,* 44CMLRev.1081-1099 (2007).

39) Weatherill, *supra* note 5, at 170 and 175.

EU 権限は比較的容易に認められ、EU により多くの権限を与える条文として機能している」との指摘に理由がないわけではないのである[40]。それゆえに、TFEU が、EU に個別的な権限を付与していない場合でも、域内市場に関連する限りで、114条に基づく立法が可能となる場合がある。この点では、EU 権限の行使に対する制約も検討しておく必要がある。EU 権限は、自由に行使できるわけではなく、「補完性原則」と「比例性原則」に従って行使され（TFU 5条1項）、両原則違反の立法は無効とされるはずである。しかし、実際には、これらの原則、特に補完性原則の内容には不明確さが残り、裁判規範としては十分に機能していない[41]。司法による事後統制が実効的でないことから、リスボン条約により、EU 立法案の補完性原則への適合について、加盟国の国内議会が事前監視に参加するシステムが導入されて機能し始めているが、その実効性にはなお議論がある[42]。

③ 域内市場概念の曖昧さ

114条の権限に対する批判は、その権限の拡張性にあるだけではない。EU 権限の範囲が広く解釈されるだけでなく、そもそも、これまでの判例により、114条に基づく権限の範囲が明確に特定されていないと批判されている。特に Weatherill は、近著により、域内市場が曖昧な概念であることを執拗に強調している。判例は、域内市場のための立法権限の範囲を明確化しておらず、そのため EU が加盟国規制に介入できる範囲が明確ではないという主張である。例えば、Weatherill は、商品の自由移動に関する TFEU34条の「同等の効果を有する措置」の解釈を明らかにした1993年の Keck 事件裁定後の EU 法の加盟国規制、特に製品の使用規制に対する介入は、消費者需要への影響の程度を基準としているが、それでは介入が認められる範囲は不明確であると指摘する[43]。

確かに、これまでの判例により、域内市場の概念が完全に明らかになっ

---

40) *Id.* at 170-171 and 173-174.
41) 須網・前掲注24) 298-322頁; *Id.* at 176 and 178.
42) Weatherill, *supra* note 5, at 180-181.
43) *Id.* at 74-76; EU 司法裁判所の判例法によれば、自由移動規定により、加盟国の経済政策を一般的に審査するわけではないが、他方、自由移動規定は、単なる差別禁止以上のものであり、その範囲はあいまいで明確ではない（*Id.* at 76）。

ているとは言い難く、そのような主張に理由がないわけではない。例えば、上述のKeck事件裁定は、加盟国の措置を、製品関連規制と販売態様規制に大別し、一定の条件を満たす限り、後者を34条の適用範囲から除外すると判断した[44]。しかし、2009年には、Keck事件先決裁定を変更して、市場アクセスを基準とする新しい基準を採用したと思われる2つの先決裁定、すなわちCommission v. Italy事件先決裁定とMickelsson事件先決裁定が下された。どちらの裁定も、輸入国市場への自由なアクセスを妨げるとして、製品の使用を規制する加盟国法を「同等の効果を有する措置」に該当すると判示していた[45]。そのため、これらの裁定は、市場アクセス基準への転換を意味し、同等の効果を有する措置の範囲が、Keck事件裁定よりも拡大するのではないかとも考えられた。しかし、いずれもKeck事件裁定に直接言及してはいないので、これらの裁定を判例変更と理解することには反対論もあり、EU司法裁判所の立場には不明確さが残っている[46]。そのため、最終的に加盟国の措置が正当化されるかどうかは別として、加盟国のどのような措置が、TFEU34条の禁止の対象となるかは必ずしも明確ではないのである。

④　小括

以上に検討した、域内市場に関するEU権限の拡張的な傾向と権限範囲画定の曖昧さは、Brexitとの関係において注目せざるを得ない。Brexitは、国家主権を英国に取り戻すことを大きな理由として決定されたが、これまでの検討結果は、域内市場への参加自体が、英国の国家主権に対する持続的な脅威となることを示唆しているからである。

すなわち、英国において自律的に定められた国内規制が、自由移動を保障するEU域内市場への否定的影響のゆえにEU法による審査の対象となるハードルは一般に低いだけでなく、対象となるか否かの基準に曖昧さが残っている。EU基本条約の起草者、またEU司法裁判所は、EU権限と

---

44) Joined Cases C-267/91 and C-268/91 Keck and Mithouard, [1993]ECR I-6097; 中村・須網、前掲注6) 190-195頁。
45) Case C-110/05 Commission v. Italy, [2009]ECR I-519, paras.56-58; Case C-142/05 Mickelsson and Roos, [2009]ECR I-4273, paras.24-28.
46) 須網・前掲注4) 262頁。

加盟国権限の境界の明確化のために長年努力を重ねてきた。しかしその境界は、なお明確ではない。加盟国からすると、EU 加盟前は自由に決定していて、しかも EU 加盟により、必ずしも権限を移譲したと明確に認識していなかった事項についても、域内市場との関連で EU 法の規制が及ぶことになる。公益上の理由に基づく正当化が認められ、最終的にその維持が加盟国に認められたとしても、域内市場に参加する限り、加盟国は、国内規制を、域内市場との関連において正当化するという負担を負い続けなければならないのである。

(2) 自由移動と加盟国国民の権利の抵触
① 「域内市場における自由移動」と「加盟国憲法による基本権保障」

域内市場統合は、前述のように経済と社会の分離という考え方に基づいている。EEC 条約が、国籍による差別の禁止、男女同一労働同一賃金の原則を除いて、基本的人権について規定しなかったのは、その証左であり、経済統合と非経済的な諸価値との深刻な対立は予定されていなかった[47]。域内市場に関係する EU 法の範囲が狭く限定されていれば、そのような想定がそのまま機能したであろう。しかし、域内市場の概念が広く解釈されて、市場統合がより深化すると、自由移動の原則と国内法による公的規制に体現された各国の社会的価値（環境、労働、人権、文化等）との抵触が生じざるを得なくなる。公益上の理由に基づいて自由移動の制約が正当化されることにより、域内市場による加盟国規制への介入には、一定の限界が設定されているが、EU 運営条約に埋め込まれた経済的権利と加盟国法が保障する社会的政治的権利との緊張は、域内市場に固有の性質である[48]。

このような緊張関係を解消する一つの方法は、EU 自体が、EU 市民の社会的政治的権利に正面から向き合うことである。すでに 1960 年代に、EU 司法裁判所は、基本的人権の尊重が「EU 法の一般原則」の不可欠な一部であると判示して、それら非経済的価値の EU 法への組み込みを開始し、その後 1980 年代には、EC（欧州共同体）独自の社会政策が開始され

---

47) 須網・前掲注 4) 265-266 頁。
48) Weatherill, *supra* note 5, at 106.

た[49]。そして、現在のリスボン条約は、より正面から社会的価値に向き合おうとしている。すなわち、EUの基礎として非経済的な立憲的価値が明示されたことに加えて（TEU 2条）、域内市場概念の根幹にある市場の在り方が、自由競争を伴う「開放市場経済」（EC条約4条1項）から、完全雇用・社会進歩・高度の環境保護を目指す「社会的市場経済（social market economy）」（TEU 3条3項）へと変化したことは、域内市場概念の再定義でもある。しかし、自由移動と非経済的価値との関係を考えた場合、域内市場が、本質的な問題点を抱えていることにはなお注意すべきである。

② 自由移動の抱える本質的問題

自由移動の制約を正当化する理由は、基本条約の条文及び判例法が認める様々な非経済的価値である。したがって、域内市場における自由移動と非経済的価値の抵触は、原則である自由移動を制約する加盟国の措置の禁止が、非経済的価値によって例外的に正当化されるか否かという問いとして現れる。ここでの問題は、両者の調整が、出発点において、「自由移動の原則的保障」と「公益上の理由による例外として認められる制約」という枠組みで行われることである。いくつかの具体例を検討する。

まず検討するのは、商品・サービスの自由移動と基本的人権が対立する場面である。基本的人権の保護は自由移動を制約するが、他方で制約を正当化する理由ともなる。商品の自由移動に関する先例は、「表現の自由」との抵触が争われた、2003年のSchmidberger事件先決裁定である。同事件は、環境保護団体が幹線道路上で行った集会のために、EU内の国際道路輸送が長時間阻害された事案であり、加盟国政府が集会を禁止せずに、重要輸送路の遮断を放置したことが、自由移動の制約であると争われた。裁定は、集会許可措置が禁止される制約に該当すると認定した後に、表現・集会の自由を理由とする正当化を検討し、「基本権保護と自由移動は、どちらも尊重されるべき重要原則であるが、他方でどちらも絶対ではなく、適切な均衡点を見出すべきである」と判示した上で、「適法な方法で意見

---

49) 須網・前掲注4) 266頁。

を公的に表明することを本質的目的とする集会の消極的影響は甘受されなければならない」と敷衍し、最終的に加盟国の集会許可措置を肯定した[50]。次に、サービスの自由移動に関する先例は、2004年のOmega事件先決裁定である。同事件では、ドイツ基本法が保障する「人間の尊厳」に反することを理由とするサービス供給の禁止が、「公序（public policy）」（TFEU52条1項）により正当化できるかを検討し、それをやはり肯定した[51]。両事件とも、加盟国は、国内憲法を根拠に、基本的人権を保護する措置を取った。EU司法裁判所は、国内法上の人権をEU法上の人権と認めて、EU法内部の問題として処理したが[52]、自由移動と非経済的価値の対立という構図には変化はない（但し、EU法上の基本権保護と加盟国憲法の下での保障とが矛盾する場合には、この手法は使えない）。

これらの事件では、結論として加盟国の判断を尊重しているので、加盟国にも不満はない。しかし、本質的に問題であるのは、国内的には、他の人権との抵触等によってのみ制約されるはずの人権が、自由移動という非国内的な理由により制約されることである。換言すれば、ここでは、EU加盟により、EU加盟国において、国内憲法が保障する権利を縮減させる可能性が生じていることである。しかも、自由移動と基本的人権は、対等な立場で調整されるわけではない。自由移動が原則とされる構造は、自由移動に有利な判断枠組みであり、基本的人権にとって不利であることを銘記すべきであろう。それを示すのが、以下の事件である。

③ 「会社の自由移動」と「労働者の争議権」

EUにおいて、加盟国の労働者保護法は部分的にしか調和されていないところ、加盟国の定める労働者保護法から、人の自由移動、特に会社の自由移動に対する制約が生じる（TFEU54条）。ここで注目されるのは、労働者の権利との抵触であり、2007年の2つの裁定では、基本的人権の一部である労働者の団体行動権、特に争議権と自由移動の抵触が争われた。

---

50) Case C-112/00 Schmitberger v. Austria, [2003]ECR I-5650; 中村・須網、前掲注6) 203 – 209頁、須網・前掲注4) 269頁。
51) Case C-36/02 Omega, [2004]ECR I-9609; 中村・須網、前掲注6) 243-251頁。
52) 須網・前掲注4) 269-270頁、Weatherill, *supra* note 5, at 138-139.

EUに団体行動権を規律する権限がないことは、基本条約に明示されている（TFEU153条5項）。それにもかかわらず、前述のように、域内市場との関連で、加盟国が規律できる争議権が、EU法により制限されたのである[53]。

ここでの指導的判例は、Viking事件先決裁定である。本件は、ある加盟国の船会社が、所有する船舶の旗国を新規加盟国に変更しようとしたことに反対して行われた労働組合の争議行為が、会社の開業の自由（会社設立の自由）に反しないかが争われた。裁定はまず、ストライキ権を含む団体行動権は、EU法の一般原則を構成する基本権であるが、その行使はEU法による制約に服すること、本件争議行為が開業の自由に対する制約に該当することを、それぞれ認める。その上で裁定は、制約は公益上の理由によって正当化されるところ、「労働者保護を目的とする」団体行動権は正当理由を構成し、目的達成に必要な限度を超えない限り制約は正当化されると判示し、さらに正当化の解釈指針を示した[54]。すなわち裁定は、自由移動は労働者保護と均衡しなければならないとした上で、争議行為の目的が労働者保護であることの判断基準として、「組合員の雇用・労働条件への現実の脅威の存在」を指摘し、上部団体の方針に従った争議行為は、雇用・労働条件への否定的影響の有無に係らず実施されることから、その合目的性を否定した[55]。本裁定は、これまでの域内市場判例の流れに必ずしも反しているわけではない。しかし本裁定は、雇用又は労働条件が危険にさらされていない場合には、集団的行動は正当化されないと判示して、正当化される争議権の範囲を狭めており、労働組合の正当な要求に敏感ではなく、争議権の範囲を限定して、組合を弱体化させるとの批判が強い[56]。

Viking事件裁定直後のLaval事件では、一時的な労働者派遣を他加盟国から行っていた企業に対する争議行為とサービス供給の自由との抵触が

---

53) 須網・前掲注4) 270-271頁。
54) Case C-438/05 International Transport Workers' Federation v. Viking. [2007]ECR I-10779; 橋本陽子「労働組合の争議権と会社設立の自由の調和」貿易と関税56巻9号（2008年）75(1)-70(6)頁、須網・前掲注4) 270-271頁。
55) Case C-438/05, *supra* note 54, paras. 81,84 and 89.
56) 須網・前掲注4) 271-272頁、Weatherill, *supra* note 5, at 96 and 125-126.

争われた。先決裁定は、労働者保護のための団体行動権が制約を正当化する理由であることを肯定しながらも、結論として、労働組合が、国内法より有利な条件の集団協約に合意させるために、争議行為によって他加盟国の事業者に圧力をかけることをやはり認めなかった[57]。同裁定もしばしば批判されているが、EU 司法裁判所は、自由移動を重視する立場を堅持し、最近も同じ趣旨の判断を下している[58]。

④ 小括

Viking 事件・Laval 事件両裁定のような、加盟国レベルで長年構築されてきた労働者保護法の内容に配慮しない裁定は、必ずしも一般的ではなく、自由移動に関する判例一般から逸脱しているとも指摘される[59]。確かに、域内市場は、決して自由化一辺倒ではなく、基本的人権とともに、消費者保護・環境保護・労働者保護などの社会的価値にある程度まで配慮している。そして EU 司法裁判所も、域内市場が基本的人権と整合していなければならないことを判示してもいる[60]。

しかし問題は、EU 司法裁判所の最終的な結論にあるわけではない。上記の諸裁定が示すように、自由移動と基本的人権を調整する中で、加盟国憲法が保障する基本的人権が、自由移動によって制約される可能性が構造的に生じざるを得ない、現在の判断枠組みそれ自体に問題があるのである。基本的人権と域内市場の基本的自由は、EU 法内部では、ともに憲法的規範として確立した権利と認識され、両者の区別は明確ではなく、それゆえに基本的人権が自由移動によって制約されることも、当然の論理的帰結として疑問視されない[61]。しかし、その結果は、国内憲法によって保障される基本的人権が、EU 法の保障する自由移動によって切り下げられる結果を容認することになる。換言すれば、国内法には国境を越える自由移動の要素は含まれていないので、両者の調整は、国内法で認められる以上の制

---

57) Case C-341/05 Laval un Partneri, [2007]ECR I-11767.
58) Case C-201/15 AGET Iraklis v. Ypourgos Ergasias, 21 December 2016.
59) Weatherill, *supra* note 5, at 126-128.
60) Case C-167/10 Fransson, 26 February 2013.
61) 須網・前掲注4) 273 頁。

限を基本的人権に課す結果にならざるを得ない。

　このような域内市場の構造的問題は、Brexitの背景事情ともなっている。社会的価値に自由移動を優先させる域内市場の構造は、その実際の効果は別として、本質的に、加盟国が設定した社会的価値の保護の程度を弱め、格差の拡大につながる。そのことは、欧州労連（European Trade Union Confederation）が、欧州議会のヒヤリングにおいて、これらの裁定はEU内の社会的ダンピングを惹起すると批判したことからも窺われる[62]。EUが、加盟国法以上の権利を加盟国国民に与えるのであれば、当然、EUに対する加盟国国民の支持は高くなる。例えば、TFEU157条の定める「男女同一労働同一賃金の原則」は、1976年のDeferenne事件先決裁定以来、労働現場における性差別の解消に大きく貢献してきた[63]。その結果、多くの女性労働者が、EU加盟から生じる利益を実感し、権利の守り手としてのEUを支持したであろうことは想像に難くない。しかし、21世紀に入ってから状況は変化した。Schmidberger事件・Viking事件・Laval事件の各裁定は、EUが、彼らに権利を与えるだけの存在ではなく、場合によっては、彼らの権利を侵害する存在でもあることを明らかにした。EUと個人との関係は、より複雑化したのである。そうであれば、加盟国国民からEUに対する一面的な支持を期待することは、もはやできないであろう。

　英国におけるBrexitの是非を問う国民投票の過程で、このようなEUの構造が、英国国民にどれほど自覚的に認識されていたかは定かではない。一方では、リスボン条約は、EU基本権憲章を法的な権利憲章と位置づけ、EUにおける基本的人権の保障を強化した。EU市民権も、最近の判例により新たな権利を加盟国国民に与えている。しかし他方で、個々の裁定の詳細は知られていなくても、英国国民は、域内市場自体に英国国民が長年享受してきた社会的価値を損ねかねないメカニズムが内包されていることは、ある程度まで気づいていたのではなかろうか。そして、EUを離脱せずに事態を抜本的に改善しようとすれば、これまでの域内市場の概念自体

---

62) See https://www.etuc.org/press/etuc-presents-its-position-laval-and-viking-cases- hearing-european-parliament.
63) Case 43/75 Defrenne v. SABENA, [1976]ECR455; 中村・須網、前掲注6）43-51頁。

を再検討しなければならなくなる[64]。

4．おわりに

　英国・EU の将来協定は、英国と域内市場との関係を規律する国際条約である。EU 司法裁判所は、EU の域内市場と EU と第三国との通商協定による経済統合が、異なる性質を有することを再三強調してきた。1991年には、欧州経済領域（EEA）と域内市場の相違を明示したが[65]、最近でも、EU・トルコ協定と域内市場とは、同じ文言でサービス供給の自由を規定していてもその意味は異なると判示している[66]。EU の域内市場は、単なる自由貿易地域とは根本的に異なる領域であり、域内市場の内部にとどまる以上、加盟国が国家主権を取り戻すことはできない。その意味で、主権の維持に拘る以上、英国の EU 離脱は必然的な選択であったと言わざるを得ない。

　域内市場は、経済通貨同盟によって補完された経済統合の究極の形態として、経済的に大きな利益を生み出すと言われてきた。そうであるからこそ、加盟国は、自己の主権を制限する犠牲を払っても、EU への加盟を選択してきた。しかし最近は、そのような説明に疑問を呈する意見もある。商品・サービス供給の自由移動は、一般的に、ビジネスに多くのメリットを与えるであろうが、他方で、自由移動をどこまで厳格に実現することに意味があるのかに疑問の余地がないわけではない。例えば、商品の自由移動につき、関税障壁の除去が不可欠であることに疑問の余地はなかろう。他方、社会的価値に関連する公的規制が自由移動を制約する場合があるとしても、それを除去することは、域内市場の機能の維持に常に必要であろうか。この疑問に対する回答は、英国・EU 協定のあるべき内容に影響するであろうし、より本質的には、域内市場の在り方の再検討にもつながり

---

64) 須網・前掲注4）254-274 頁。
65) Opinion 1/91 Draft Treaty on the establishment of a European Economic Area, [1991]ECR I-6102.
66) Case C-221/11 Demirkan, 24 September 2013; Wetherill *supra* note 5, at 24-25.

得る。ユーロ危機以来の複合危機の中で、EU法を手段として進められてきたEU統合を批判的に反省する議論が出現しているが、そこでは、EUへの権限の集中はもはや解決策ではなく、これまでの統合の成果も見直しの対象として認識されている[67]。今後のEUの方向性については、別稿で論じられるが、果たして現在の域内市場の在り方は持続可能であるのか、Brexitは、域内市場自体にも根本的な問題を提起したのである。

(2018年8月6日脱稿)

---

67) Nicole Scicluna, European Union Constitutionalism in Crisis 1-13 and 147-155 (2015).

第1部　Brexit はなぜ起きたのか

第3章　世界金融危機とユーロ危機

（株）ニッセイ基礎研究所主席研究員　**伊藤 さゆり**

1.　はじめに

　英国の EU 離脱の要因を考える際には、英国がそもそも最も離脱に近い位置にいる加盟国だったことを踏まえる必要がある。英国は、国家主権の移譲を伴う統合には懐疑的で、経済的な利益を目的に 1973 年 1 月に統合に参加した後も、統合深化には一定の距離を置いてきた。域内国境における出入国管理を撤廃し、ヒトの移動の自由を実現する「シェンゲン協定」に参加せず、1999 年の単一通貨ユーロ導入の際に「オプトアウト（適用除外）」の権利を確保してきたことは、英国の立ち位置を象徴する。

　英国内では EU への懐疑が一定の割合を占めてきたが、国民投票の結果には、2016 年 6 月というタイミングも影響したと考えられる。国民投票のキャンペーンでは、キャメロン首相（当時）率いる残留派は、EU 離脱がもたらす経済的打撃を強調して残留支持を呼びかけた。しかし、離脱派が「恐怖プロジェクト」と揶揄した戦略は失敗に終わった。閣僚や議員らが、「国内で国難が起き、国民の怒りが増すたびに、その怒りをそらすために」、「何十年にもわたって公然と EU を非難してきた」[1]ことも影響し、EU 残留の利益を伝えきれなかった。一方で、離脱派が「主権を取り戻そう」というスローガンの下で展開した、有権者の関心が高い移民・難民の抑制や、国民保健サービス（NHS）の改善策として EU 離脱を訴えた主張は、

---

1) オリバー（2017）36-37 頁。

予想以上に政治や政策に不満を持つ有権者を引き付けた。

本稿では、英国がEU離脱を選ぶ結果に至った背景として、世界金融危機とユーロ危機を境とする英国とEUの変化について振り返る。その上で、EU離脱選択後の動きも踏まえて、EU離脱が、離脱派の呼びかけに応じて票を投じた人々の期待や不満に応える選択肢となり得るのかを論じる。

2. 世界金融危機の影響

(1) 景気後退と財政の悪化

世界金融危機は英国の経済・財政状況を大きく変えた。世界金融危機の前まで、英国は、主要先進国で最長の景気拡大を謳歌し、財政は、ゴールデン・ルール[2]とサステーナビリティー・ルール[3]という独自の規律によって、政府純債務残高を名目GDPの40％以下の水準に保つなど、健全性を保ってきた。

しかし、世界金融危機の前年から、英国内の住宅バブルの崩壊が始まり、さらに米国発のサブプライム関連の損失が加わったことで、経済活動には急ブレーキが掛かり（図表3-1）、5％台前半で推移していた失業率が1年余りの間に一気に8％を伺う水準に上昇するなど雇用情勢も急速に悪化した（図表3-2）。

労働党のブラウン政権（当時）は、財政ルールの適用を一時中止、景気に配慮した財政運営を迫られた。財政赤字に相当する政府部門の純借入は倍増、政府債務残高は2009年度には名目GDP比60％を超えた（図表3-3）。

(2) 金融システム対策費の納税者負担

金融システムの安定のための対策も迫られ、2007年から2010年にかけて、信用収縮を緩和するための各種の保証スキームとともに、個別の金融

---

[2] 景気の循環を通じて、政府の借入れは投資目的に限り、経常的支出に対する借入は行わないルール。
[3] 景気の循環を通じて、ネットの公的債務残高を対GDP比で安定的かつ慎重なレベルに保つルール。

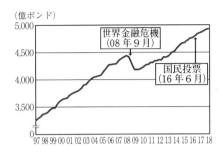

図表 3-1　英国の実質GDP

(注)　季節調整値。
(出所)英国国家統計局（ONS）。

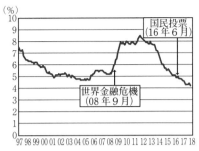

図表 3-2　英国の失業率

(注)　季節調整値。
(出所)英国国家統計局（ONS）。

機関への公的資金の投入が行われた。4大銀行の一角を占めるRBSとロイズ銀行グループは政府管理下に置かれ、経営再建を目指すことになった。住宅金融組合から転換した銀行のノーザンロックやブラッドフォード・アンド・ビングリーの破綻処理にも公的資金を投じた。英国会計検査院（NAO）によれば[4]、金融システム対策費は、ピーク時には流動性支援のための債券発行等が1兆290億ポンド、公的資金の注入等が1,330億ポンドで合計1兆1,620億ポンドに上った。これらの金融システム対策費を含めた政府債務残高の対名目GDP比は、ピークの2009年度には146.9％にも達した（**図表3-3**）。一時的にせよ、英国の経済規模に対して極めて巨額の金融システム対策費が必要になったのは、国際金融センター・ロンドンを擁する英国の金融セクターの規模が、経済規模に対して著しく大きい上に、ライトタッチの金融監督の下で、金融機関の経営への監視が不十分であったことによる。

　すでに流動性支援は収束し、205億ポンドが投じられたロイズ銀行の株式は取得価格を上回る価格で売却も完了している。しかし、458億ポンドを投じたRBSの株価の回復が思わしくないことから、最終的な納税者負担の発生も避けられない見通しとなっている[5]。

　世界金融危機を教訓とする金融規制・監督体制の見直しは世界的に進ん

---

4 ）　https://www.nao.org.uk/highlights/taxpayer-support-for-uk-banks-faqs/ (Last updated: July 2017).

第 1 部 Brexit はなぜ起きたのか

図表 3-3　英国の政府債務残高と純借入

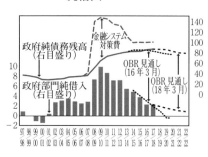

(注)　英国の財政年度は 4 月から 3 月まで。
(出所)英国国家統計局(ONS)、英国予算責任局(OBR)。

図表 3-4　英国の一人当たり実質可処分所得

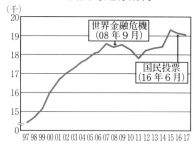

(出所)英国国家統計局（ONS）。

だが、英国でも再発防止、とりわけ公的資金による金融機関救済を回避するための改革の政治的な優先度は高かった。バーゼルⅢを反映した第Ⅳ次自己資本要件／自己資本規制（CRD Ⅳ /CRR）や、ベイルインを原則とする銀行再建・破綻処理指令（BRRD）などの EU の規制が導入された。さらに、一元的に金融監督を担ってきた金融サービス機構（FSA）の解体、中央銀行のイングランド銀行（BOE）の金融監督権限の強化など金融監督体制の改革、システム・リスクに備えるために銀行のバランスシートに課税する銀行税の導入、危機時にリテール業務の継続に支障が生じないようリテール業務の分離を求めるリング・フェンスなど英国で生じた問題を出発点とする独自の改革にも取り組んでいる。

(3)　**長期にわたる財政緊縮策と所得の伸び悩み**

2010 年 5 月の総選挙では、財政健全化と経済成長のバランスが争点となり、「速やかに財政赤字削減に着手」する方針を打ち出した保守党が、「当面は景気回復優先」とする与党・労働党（当時）を抑えて第 1 党となった。背景には、ギリシャの財政危機の最初の山場と重なり、英国でも景気回復

5）OBR（2018）では、金融システム対策費の損失は全体で 232 億ポンド、RBS 関連が 262 億ポンドと評価している。

の遅れと、財政への懸念が高まっていた[6]ことがある。保守党は第1党にはなったものの、単独過半数は確保できず、自由民主党との連立で第1次キャメロン政権が発足した。

　第1次キャメロン政権は、6月に緊急予算案で歳出削減80％、増税20％の比重で財政健全化を進める方針を表明、5年の任期中の「財政収支の黒字化、政府債務残高名目GDP比のピークアウト」を目標に掲げた。10月の「歳出レビュー」では、2011年度から2014年度までの4年間の累計で約810億ポンド（約10兆円）という規模の第二次世界大戦後最大の歳出削減方針を打ち出した。歳出削減は各省庁平均で19％、期間中の公務員の人員削減は49万人に上る。歳出のおよそ3分の1を占める福祉支出にも子ども手当ての3年間凍結や住宅補助の見直しなど総額180億ポンド相当を削減する方針を決めた。

　2015年5月の総選挙は、2010年と同様、過半数を獲得する政党がない「ハング・パーラメント」が予想されていたが、労働党のミリバンド党首の不人気などの「敵失」もあり、保守党が単独で過半数を制し、財政健全化路線が、結果として信認を得る形となった。

　経済政策で一定の実績を挙げていたことは、保守党への追い風となった。生産活動の水準は2013年1〜3月期までは2008年1〜3月期の世界金融危機前のピークを下回っていたが、その後、回復ピッチが加速、失業率の低下も進んだ。財政については、2010年の総選挙後に掲げた任期中の「財政収支の黒字化、政府債務残高名目GDP比のピークアウト」の目標は達成できなかったが、財政赤字の削減は進み、政府債務残高の増加ペースも鈍化した。

　但し、生産活動や雇用の水準こそ回復したものの、有権者の間では、暮らし向きが良くなっているという実感は乏しかったと思われる。財政緊縮策の影響や、賃金の伸びの抑制などから、実質可処分所得は危機前の水準

6）当時、英国の格付けは最上位のトリプルAだったが、CDS（クレジット・デフォルト・スワップ、債務不履行のリスクを保証する金融商品）市場のプレミアム（保証料）は、同格付けの米国や西欧、北欧よりも高く、中国やチェコ、韓国、マレーシアなどダブルA〜シングルAクラスの国々と並ぶ水準となっており、財政危機のリスクも意識されていた。

を下回る状態が長く続いた（**図表3-4**）。2015年にようやく賃金の伸びが上向くとともに、原油等エネルギー価格の下落でインフレ率がゼロ近辺に低下したことで実質可処分所得の伸びも高まった。しかし、2016年にはインフレの再燃で、実質所得は再びマイナスに転じた。

3. ユーロ危機の影響

　ユーロ圏内の銀行は、ギリシャ危機が発生した段階で、すでに世界金融危機とこれに伴う景気の後退で大きな打撃を受けていた。銀行は、ギリシャ国債を、リスク・フリーの資産として保有していたため、無秩序なデフォルト（債務不履行）は、すでに脆弱な銀行システムに深刻な危機をもたらすおそれがあった。

　政府の信用リスクが警戒される局面では、単一通貨圏を形成していながら銀行監督、破綻処理は母国当局が責任を担う役割分担も問題となった。母国政府の信用力が銀行の信用力を規定することになり、ユーロ圏内での国境を越える銀行間の取引、特にドイツなどの債権国の銀行と、南欧などの過剰債務国の銀行との取引が一気に縮小した。

　当時のユーロ圏には、ギリシャの無秩序なデフォルト回避のために活用できる制度的な枠組みを備えていないという重大な欠陥があった。結果として、ギリシャに対しては、2010年5月に3年期限の暫定的な枠組みとして創設した欧州金融安定メカニズム（EFSM）と欧州金融安定ファシリティー（EFSF）が、国際通貨基金（IMF）とともに緊縮財政や構造改革を条件（コンディショナティー）とする支援を実施した。しかし、ギリシャの財政、金融システム、経済状況の悪化は止まらず、世界金融危機と住宅バブル崩壊で金融システムが打撃を受けたアイルランド、競争力が低く、借金依存の傾向を高めていたポルトガルも自力での資金繰りに困難を来し、支援を受けた。債務危機の緊張が著しく高まった2012年には、ギリシャ向けの第二次支援とともに秩序立った債務再編が行われた。不動産バブルが崩壊したスペインは、銀行増資支援基金に限った支援を利用、イタリアの国債利回りも、支援要請ラインとみなされる7％に近づいた。同年7月

図表 3-5　英米欧の実質 GDP

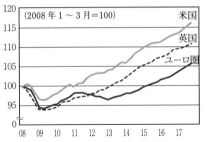

（出所）英国国家統計局（ONS）、欧州委員会統計局（eurostat）、米国経済分析局（BEA）。

図表 3-6　世界の GDP に占めるシェア

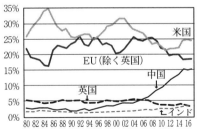

（注）　名目ドル換算。EU は該当年の加盟国のみを累計。2017 年は IMF による見通し。
（出所）国際通貨基金（IMF）。

に ECB のドラギ総裁が講演で「ユーロ圏を守るためにできることは何でもやる用意がある」と述べて、救済資金の不足への市場の懸念を払拭するまで、ユーロ危機の拡大は続いた。

　ユーロ危機が、支援合意などによる小康状態と再燃を繰り返したことで、ユーロ圏経済は、リーマン・ショック後の落ち込みから一旦回復したものの、再び景気後退に陥り、底入れは 2013 年 1 ～ 3 月期と、世界金融危機の震源地・米国よりもおよそ 4 年遅れた[7]（図表 3-5）。

　このような展開を辿ったユーロ危機が英国の選択に影響を及ぼしたルートとして、ここでは 3 つを挙げたい。第 1 に、EU の中核を成すユーロ圏内での危機の拡大と経済の停滞による EU 市場の魅力の相対的な低下、言い換えれば、英国にとっての EU 加盟の経済的な利益が低下したこと。第 2 に、将来の経済的な負担につながりかねないとの懸念が高まったこと。第 3 に、ユーロ危機対応がもたらした EU の変化が、英国内の EU 懐疑を深め、EU 内での英国の周辺国化傾向を強めたことだ。

(1)　英国から見た EU の市場としての魅力の相対的な低下

　英国経済は 2010 年 1 月を底に景気回復局面に入るが[8]、そのテンポは緩慢で、世界金融危機前の生産水準の回復におよそ 5 年を要した。キャメ

7）景気循環の谷は、米国は全米経済研究所（NBER）、ユーロ圏は英国経済政策研究センター（CEPR）による。

ロン政権が進めた大規模な歳出削減が影響した部分もあるが、ユーロ圏経済の停滞、金融市場の緊張が、英国の景気回復の勢いを削いだ面もある。

ユーロ圏経済の停滞が長引いたことで、英国にとってのEU市場の相対的な魅力も低下した。世界経済に占めるEU（除く英国）のシェアは、世界金融危機までは、参加国の拡大もあり、名目ドル換算ベースで平均して2割強で推移してきたが、世界金融危機以降、2割を割り込む水準に低下した。替わってシェアを高めたのが中国である。2001年の世界貿易機関（WTO）の加盟や世界金融危機に大規模な景気対策で対応したことで、中国を含む新興国が世界経済の4割を占めるまでに躍進した（**図表3-6**）。

英国のEU離脱は、移民に焦点があたったため、保護主義の選択とみなされることが多いが、ボリス・ジョンソン前外相らが率いた離脱派のキャンペーン団体「Vote Leave」は自由貿易を支持し、「グローバル・ブリテン」というスローガンを掲げた。EUの法規制から解放され、通商交渉の権限を回復するために、EUを離脱し、関税同盟からも去るべきである。離脱すれば、米国のほか、中国やインドなどより高い成長が期待される新興国地域との自由貿易協定（FTA）をEUよりも柔軟かつ機動的に交渉できるようになるとアピールした。

ユーロ圏経済の回復ピッチが上り出したのは2017年からであり、国民投票の時点では「米国第一主義」を掲げるトランプ政権も発足していなかった。EUとの関係を見直し、域外との関係を強めることが、英国にプラスになるという呼びかけが説得力を持つような状況だった。

(2) 経済的負担増大への懸念

国民投票の離脱派のキャンペーンでは、「EUへの拠出額は週3.5億ポンド」に代表されるように、EUとの関係に関するいくつもの誤った情報が発信された。その中にはユーロ危機が再発した場合には、英国が緊急支援を求められるというものもあった[9]。

実際には、国民投票の時点では、ユーロ導入国が出資する常設の枠組み

---

8) 景気循環の谷は、米景気循環調査研究所（ECRI）の2015年10月1日の認定による。

である欧州安定メカニズム（ESM）が稼働しており、ユーロ未導入の英国が、EU に残留したとしても支援を強制されることはなかった。キャメロン首相（当時）が、国民投票の前に行った EU との交渉でも、EU 残留の場合の条件の 1 つとして、ユーロ未導入国の権利の保護や、ユーロ維持のための負担の免除について確約を得ていた。しかし、国民投票において、EU から引き出した条件は殆ど材料とならなかった。

(3) 危機対応による EU の変容と英国の周辺国化

ユーロ危機は、英国が、EU 加盟国でドイツに次ぐ経済大国でありながら、EU 内では周辺国という傾向を一段と強めることになった。

ユーロ危機によって、EU は、ESM に至る常設の支援の枠組みの構築、再発防止のための財政監視ルールの強化、銀行と政府の信用力の連鎖を断ち切るための銀行同盟への移行などユーロ圏の制度改革に追われた。時間との闘いの様相を呈したため、危機対応の方針の決定は、経済力と信用力のあるドイツの影響が色濃いものとなった。

また、いくつかのユーロの機能強化策は、政府間協定の形をとり、ユーロ未導入の EU 加盟国の対応は分かれたが、英国は、これらの政府間協定のすべてに未参加という唯一の EU 加盟国となった[10]。保守党政権は統合深化に踏み込まない方針を示していたからだ。例えば、経済政策の調整のための「ユーロプラス協定」（2011 年）にはデンマーク、ポーランド、ルーマニア、ブルガリアの 4 か国、財政規律を強化する「財政協定」（2012 年）には、これら 4 か国とスウェーデン、ハンガリーが参加し、銀行同盟の「破綻処理メカニズム（SRM）」（2014 年）にはスウェーデンと英国以外の EU 加盟国が参加した。

ユーロ危機対応でとられた非常時モードの意思決定や、英国の意に沿わない統合の深化、ドイツの存在感の拡大は、EU 加盟国として意思決定に加わる権利の価値を低下させた可能性がある。

---

9) オリバー（2017）454 頁。2010 年 12 月に合意したアイルランド支援には、英国はスウェーデン、デンマークと同じく任意の二国間融資という形で参加した。
10) Sapir and Wolff (2016).

4. EU離脱と英国経済

(1) 経済成長の鈍化

　本稿執筆時点で、離脱の選択からおよそ2年1か月が経過し、離脱が8か月後に迫っているが、離脱戦略を巡る政権内での足並みの乱れなど政治面での混乱ぶりに比べて、経済は底堅さを保っている。英国経済の成長ペースは鈍化しているが失速は免れ、国民投票後に大きく下げたポンド相場は持ち直している。金融機関は、単一市場の離脱を前提に地域本部やセールス部隊をEU圏内に移管する準備を進めているが、その規模は、少なくとも、本稿執筆時点では、離脱決定時に想定されていたよりも小さいものに留まっているようだ。

　しかし、これまでのところEU離脱の影響が穏やかな主な理由は、2019年3月の離脱後の関係が未だ定まらないことにあると思われる点には留意が必要だ。英国とEUは、離脱後も2020年末までは現状を維持する「移行期間」とすることで合意しているが、脱退協定の未合意事項が解消しなければ、移行期間は白紙化する。移行期間後の英国とEUの将来の関係も不透明だ。2018年7月12日に公表した白書[11]で、メイ政権は財の自由貿易圏や金融サービスの野心的な同等性評価などの要望を提示した。しかし、EU側は、EUの原則と相いれないとの立場であるため、英国側の要望がそのままの形で受け入れられる可能性は低い。ボリス・ジョンソン前外相に代表される強硬派は、穏健化した戦略は、さらなる譲歩につながるとして強く反発しており、英国内では、「メイ政権とEUとの合意に基づく離脱」か、「協定なしの無秩序な離脱」か、「離脱撤回か」という3つの選択肢による国民投票をすべきとの声も浮上している。

　EUは、7月19日、移行期間のある秩序立った離脱だけでなく、協定なしの無秩序な離脱についても必要な準備をし、速やかに実行に移すよう、注意喚起する文書を公表した[12]。それでも、無秩序な離脱となり、ビジネ

---

11) HM Government (2018).

図表 3-7　英国予算責任局(OBR)の実質 GDP 予測

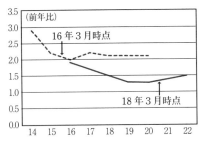

(出所) 英国予算責任局(OBR)。

図表 3-8　英国のビジネス投資とICT その他機械設備投資

(注)　季節調整値。
(出所) 英国国家統計局(ONS)。

ス環境が激変すれば、経済活動に想定外の混乱が生じる可能性は排除できない。協定あり、移行期間ありとなっても、移行期間が終了する 2020 年末を前に、影響が一気に顕現化する可能性も残る。

英国で予算編成のためのマクロ経済予測、財政運営の監視機能を担う英国予算責任局（OBR）は、実質 GDP の見通しを、国民投票前の 2016 年 3 月時点の 2％超から 1％台半ばに水準を引き下げている（図表3-7）。設備投資は、IT 関連の需要の増大と緩和的な金融環境の下で世界的に拡大しているが、英国では抑制された状態が続いている（図表3-8）。国民投票前から続く、先行き不透明感が影響しており、今後も移行期間終了後の関係が明確化するまでは、前向きな投資は出にくく、潜在成長率の低下につながると思われる。

潜在成長率には、EU からの移民流入の鈍化による労働力不足という押し下げ圧力が掛かる兆候も出始めている。イングランド銀行（BOE）は、2018 年 5 月公表の「企業サーベイ」[13]で、労働市場のスラックの縮小と賃金上昇圧力の高まりの背景として、EU からの移民労働力のアベィラビリティーの低下と幅広いセクターでの採用難が生じていることを指摘している。実際、統計上も、2017 年 10 〜 12 月期以降、英国における EU 国

---

12) European Commission (2018b).
13) BOE (2018).

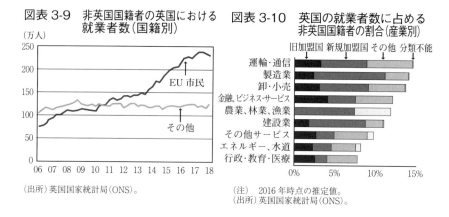

籍者（EU 市民）の就業者数は減少に転じている（図表 3-9）。就業者数の減少は、中東欧の EU 新規加盟国の国籍者で目立つ。EU 離脱による労働力不足は、総就業者数に占める中東欧国籍者の割合が高い卸・小売、ホテル・レストランや、製造業、建設業、農業・林業・漁業などで生じ易いと考えられる（図表 3-10）。

(2) 財政健全化の遅れ

財政に関しても、離脱派が主張したように EU 離脱で財源を取り戻すことで、余裕度が増すことは見込まれていない[14]。

ハモンド財務相は、2018 年 3 月の「春季財政報告」の演説で、「17 年振りの政府債務残高の対名目 GDP 比の持続的な低下が見込まれる」、「トンネルの先に明かりが見えてきた」と明るいトーンを打ち出した。秋の「歳出レビュー」には 2019 年度予算とともに 2020 年以降の歳出の方針を示すとし、債務の圧縮を進めつつ、公共サービスの充実や将来のための歳出の拡大を増やす方針を示している。

英国は、EU 離脱にあたり 414 億ユーロ（371 億ポンド）の清算金を支払うことで EU と合意しているが、うち 164 億ポンドは 2019 年～ 20 年の

14）「週 3.5 億ポンド」とされた英国の EU への拠出は、EU からの受取りやリベートによる払い戻しを考慮したネットの拠出額では、2016 年の実績で 107 億ポンド、週換算では 2.1 億ポンド程度となる。

図表 3-11　英連邦の経済規模の国・地域別内訳

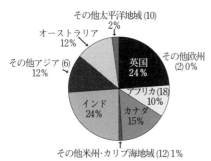

(注) 2017年実績(一部 IMF による推計)。
　　 括弧内の数字は国の数。
(出所) 国際通貨基金(IMF)世界経済データベース
　　　 (2018年4月)。

図表 3-12　英国の財・サービス貿易と対内対外直接投資の国・地域別シェア(2016年)

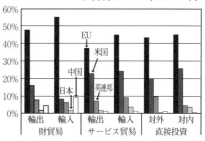

(注) 英連邦のサービス貿易と直接投資は ONS 統計で
　　 内訳が明示されている主要国の累計。
(出所) 英国国家統計局(ONS)。

移行期間中の EU 財政への拠出である。その他の未払金の支払いも大半は 2022 年には終了する。但し、今後の協議によって、離脱後も EU の一部のプロジェクトに参加することになれば、その分の負担は生じる可能性がある。

　EU への拠出が 2022 年に終了しても、英国の財政事情の改善に直結する訳ではない。OBR は、2016 年 3 月時点で 2018 年度としていた財政収支の黒字転化は、直近では 2022 年度時点でも困難と見ている（68 頁、図表 3-3）。

(3)　険しいグローバル・ブリテンの道のり

　離脱派が主張した EU との関係を見直し、域外との関係を強める「グローバル・ブリテン」戦略の実現可能性も疑問が残る。

　英国政府は 2018 年 4 月に行われた英連邦首脳会議で、英国と旧植民地など 53 か国で構成する英連邦との関係強化の方針を呼びかけた。さらに、7 月の白書では、トランプ政権の米国の離脱で、11 か国で発足する見通しの環太平洋経済連携協定（TPP11）にも参加の意向を示した。英連邦には、カナダ、オーストラリア、インド、南アフリカなど G20 に参加する国々のほか（図表 3-11）、東南アジアの物流・金融の結節点として機能するシンガポール、さらにサハラ以南のアフリカ諸国や、カリブ海諸国、大洋州

諸国など多様な国が参加する。TPP11は、英連邦の6か国のほか、日本、ベトナム、メキシコ、ペルー、チリが参加する。

　英連邦の関係強化やTPP11への参加が、EU離脱の悪影響を埋め合わせることができるかどうかを考える上で留意すべき点は2つある。1つは、英国とEUの貿易・投資面での結びつきの大きさに比べると、英連邦やTPP11との関係は、遙かに限定的であることだ（図表3-12）。もう1つは、英連邦の主だった国々やTPP11参加国は、EUとの間で、すでにFTAを締結済みか、そのプロセスにあることだ。カナダとEUの「包括的経済貿易協定（CETA）」は、2017年9月21日に暫定発効している。日本とEUの経済連携協定（EPA）は、2018年7月17日に調印に至った。シンガポールとEUとのFTAは承認手続の段階にある。オーストラリア、ニュージーランドとは2018年6月にFTA交渉を開始した。すでに経済規模で英国を抜いたインドとも、EUは2007年6月に開始した交渉を2013年夏に凍結したが、2017年10月の首脳会議で包括的なFTAの交渉再開に向けた努力を継続する方針を確認している。EUは、メキシコとは既存の協定の近代化、チリ、ベトナムとはFTA発効が視野に入る。英連邦やTPP参加国との結びつきを強化するために、英国のEU離脱が必要であったとは思えない。

　離脱後の英国が、EUよりも先行してFTAを締結できる可能性があるのは米国と中国かもしれない。EUと米国の大西洋横断貿易投資パートナーシップ協定（TTIP）の協議は、トランプ政権発足前から棚上げとなっている。保護主義を強めるトランプ政権とEUとの間では、2018年6月1日の米国の鉄鋼・アルミニウム輸入制限発動に対して、EUが対抗措置を発動するなど冷え込んでいる。2018年7月25日の米EU首脳会談で、自動車を除く工業製品の関税と非関税障壁、補助金撤廃に向けて協議を始め、協議間は新たな貿易措置を採らないことで合意した。制裁と報復のエスカレート回避の方向でとりあえず合意が成立したとは言え、EU加盟国間、とりわけ米国による輸入制限の自動車への拡大を回避したいドイツと、米国の自動車の輸入制限の影響が小さく、圧力による通商交渉を嫌うフランスとの温度差もあり、交渉は難航が予想される。他方、二国間交渉を好

むトランプ大統領は、英国の EU 離脱を支持し、英国との FTA 交渉に前向きだ。しかし、トランプ大統領の言動は、場当たり的で安定性を欠く[15]。離脱後の英国と米国の FTA 交渉が、英国の望むような展開となるのかは不透明だ。

　中国と EU の間では、2007 年に始動した 1985 年貿易経済協力協定の改定協議すら 2011 年以降、停滞気味だ[16]。他方で、中国は、EU 未加盟のアイスランド、スイスとは FTA を締結している。ただ、両国の対中 FTA は、市場規模の差もあり、中国側に有利な内容と言われている。英国が、国家資本主義の中国と対峙して、単独でレベルの高い FTA を締結し、EU 離脱の悪影響をカバーするだけの利益を得ることはかなり難しいと思われる。中国による知的財産権侵害、技術移転強要、産業補助金、国有企業の問題、供給過剰の問題については、英国単独での対応には限界がある。同じ問題意識を持つ、EU や米国、日本などと共同歩調をとらざるを得ないだろう。

　英国政府の白書には、EU の関税同盟を離脱し、WTO の独立した加盟国となり議決権を回復することで、英国の産業を不公正で有害な貿易慣行から守るための独自の措置を採れるようになることをベネフィットとして挙げている。確かに、28 か国という大所帯の EU よりも英国単独の方が、きめ細かく、速やかな対応ができるようにはなるが、それだけ手続に関わる負担も増す。

---

15) 2018 年 7 月 13 日の米英首脳会談でトランプ大統領とメイ首相は野心的な FTA の締結を目指すことで合意し、英国との「最上級の」特別な関係を強調したが（White House 2018）、その前日の大衆紙サンとのインタビューでは、メイ首相の EU との交渉戦略を批判し、「米国との貿易協定の可能性はなくなる」と述べている（The Sun 2018）。トランプ大統領の訪英にあたっては、抗議のための大規模なデモが行われた。
16) 中国とは現在 27 か国が個別に締結している 26 の二当事者間投資協定を一本化する包括的投資協定について協議することを 2013 年 11 月に合意、2018 年 7 月までに 18 回の協議が行われている。

5. おわりに

　国民投票で争点となったEUからの移民の流入は、離脱決定を境に減少に転じている。EUを離脱し、単一市場からも離脱すれば、EU市民の新規の流入は、より確実に抑制できるようになるだろう。
　しかし、労働力流入の減少は、EU離脱を巡る不確実性や、EU市場へのアクセスに関わる新たな障壁の出現などの投資環境の悪化とともに潜在成長率の低下をもたらす。財政面では、EUへの拠出こそ減るものの、余裕度が増すことは期待できない。通商面でも、EUや関税同盟から離脱しなければ得られないベネフィットは殆ど見当たらない。
　EU離脱は、国家主権の奪還が他に優先するという人々の期待には応えるだろう。しかし、長年にわたる財政緊縮や、情報技術の進歩、国際的な競争の激化から取り残されたと感じる人々の暮らし向きの改善に直結することはない。むしろ、改善を妨げる方向に働きかねないことが憂慮される。

（2018年7月31日脱稿）

＜参考文献＞
- 伊藤さゆり（2016）『EU分裂と世界経済危機――イギリス離脱は何をもたらすのか』（NHK出版新書）。
- オリバー、クレイグ（2017）『ブレグジット秘録』（江口泰子訳、光文社）（Oliver, Craig（2016）"Unleashing Demons, The inside story of Brexit"）。
- Bank of England（2018）"Agents' summary of business conditions - May 2018".
- European Commission（2018a）"Overview of FTA and other Trade Negotiations", Updated July 2018.
（http://trade.ec.europa.eu/doclib/docs/2006/december/tradoc_118238.pdf）.
- European Commission（2018b）"Communication from the Commission to the European Parliament, the European Council, the Council, the European

Central Bank, the European Ecoomic and Social Committee, the Committee of the Regions and the European Investment Bank, Preparing for the withdrawal of the United Kingdom from the European Union on 30 March 2019", COM(2018) 556 final, Brussels, 19.7.2018.
（https://ec.europa.eu/transparency/regdoc/rep/1/2018/EN/COM-2018-556-F1-EN-MAIN-PART-1.PDF）
・Eurostat (2018) "Eurostat Supplementary Table for Reporting Government interventions to support financial institutions, Background note (April 2018)".
（http://ec.europa.eu/eurostat/documents/1015035/8441002/Background-note-on-gov-interventions-Apr-2018.pdf/54c5e531-688b-427b-80a1-46e471f3a54b）
・HM Government (2018) "The future Relationship between the United Kingdom and the European Union", July 2018.
（https://assets.publishing.service.gov.uk/government/uploads/system/uploads/attachment_data/file/725288/The_future_relationship_between_the_United_Kingdom_and_the_European_Union.pdf）
・Office for Budget Responsibility (2018) "Economic and fiscal outlook", March 2018.
（http://cdn.obr.uk/EFO-MaRch_2018.pdf）
・Sapir, A. and G. Wolff (2016) "One Market, Two Monies: The European Union and the United Kingdom", bruegelpolicybrie, Issue 2016/01 January 2016.
（http://bruegel.org/wp-content/uploads/2016/01/pb-2016_01.pdf）
・The Sun (2018) "TRUMP'S BREXIT BLAST, Donald Trump told Theresa May how to do Brexit 'but she wrecked it' – and says the US trade deal is off", 13th July 2018.
（https://www.thesun.co.uk/news/6766531/trump-may-brexit-us-deal-off/）
・White House (2018) "Remarks by President Trump and Prime Minister May of the United Kingdom in Joint Press Conference" Issued on: July 13, 2018.

(https://www.whitehouse.gov/briefings-statements/remarks-president-trump-prime-minister-may-united-kingdom-joint-press-conference/)

第1部　Brexit はなぜ起きたのか

第4章 | 移民問題とメディア政治

高崎経済大学経済学部准教授　土谷　岳史

1. 英国と EU 市民・移民・難民

　EU のなかで英国は様々な特権を享受してきた。代表的なものは単一通貨ユーロからのオプトアウトであろう。それだけではなく、英国は EU が構築してきた共通移民難民政策にも参加しないことが認められている。英国が EU を離脱するにあたって「移民」の存在はひとつの大きな争点となった。国境を越えて移動する人を「移民」と呼ぶのであれば、まずは英国が「移民」に関して EU の政策の影響をどのように受けているのかを確認しておこう。EU の文脈において「移民」は EU 加盟国の国民である EU 市民と EU 域外国の国民である第三国国民に分けられ、さらに第三国国民は経済活動を目的とする狭義の移民と、難民、庇護申請者、庇護希望者に分けられる。

　戦後の欧州統合は、経済から政治軍事へと統合の分野を拡大しながら統合の深化を進めてきた。「移民」については統合の当初から生産要素、すなわち労働者等の自由移動を可能にすることが決められていた。その結果、加盟国の国民は他の加盟国に自由に移動し、また居住し、経済活動を行うことが認められた。これには市場統合の中核をなす4つの自由のひとつとして極めて重要な意義が認められてきた。EC から EU へと変わるなかでこの加盟国の国民は EU 市民と規定され、経済活動に限定されない EU 域内の自由移動の権利が認められるようになった。EU 法は日本の生活保護にあたるような無拠出の社会扶助については認めないものの、EU 市民に

ついては国籍差別の禁止を原則とし、広く居住国での権利を保障してきた（須網 1997: 173-286 頁、土谷 2006a）。

　英国もまたこれを受け入れ、自国内の EU 市民に権利を保障するとともに、英国民も他の EU 加盟国への自由移動の権利を享受している。英国国家統計局の推計では、2011 年時点でおよそ 89 万人の英国民が他の EU 加盟国に居住している（ONS 2017: pp.4-5）。その規模が最大の国はスペインで、31 万人弱が居住しており、うち 1/3 強が 65 歳以上である。このことから英国民の自由移動には退職後に温暖な地域に移り住むというイメージが持たれるが、一般的に「移民」がそうであるように EU 市民としての権利を行使する英国人の多数は他の EU 加盟国で労働している。

　以上のように EU 加盟国の国民には EU 市民として自由移動の権利が認められる一方で、第三国国民には自由移動の権利は認められてこなかった。経済統合の初期から課題にはあがっていたものの実現していなかったこの権利の問題が具体化した大きなきっかけは、1995 年にシェンゲン協定が実施に移され、締約国間で国境管理が撤廃されたことである（土谷 2005、2006b）。域内で国境管理がなされない以上、EU 市民だけでなく第三国国民も実質的に域内を自由に移動できることになる。このため加盟各国レベルだけでなく、EU 全体として第三国国民も含めた「移民」の管理が必要とされることになった。加盟国間の警察等の協力の強化やデータベース等の整備である。そして庇護希望者が自身に有利と考える特定の加盟国に殺到することを避けるため、庇護申請の受付国を定めるダブリン協定が締結された。

　1999 年発効のアムステルダム条約はシェンゲン協定及びその関連法規を EU 法化し、また、共通移民難民政策を超国家的な政策領域のなかに位置付けた。シェンゲンについては新規加盟国は EU 域内全体の安全に支障を与えない準備ができた順に参加することとなっており、EU は、生産要素として第三国国民にも域内の自由移動を可能にする一方で、域内での難民認定手続や難民の地位の最低条件を定めるなど、難民、庇護申請者、庇護希望者に関する立法を進めている。

　英国はアイルランドとともにシェンゲンの国境管理撤廃には加わらず、

共通移民政策における第三国国民の地位保障に関する各種立法にも参加していない[1]。したがって自国で国境管理を行い、EU 市民以外は、移民の地位と権利を自国で定めている。「合法移民」と「不法移民」の区分けを自国で行っているのである。これに対して共通難民政策については初期の立法には参加していた。しかしそれらの改正からは離脱し、総じて現在の EU の定める難民及び庇護申請者の権利保障よりも低い保障を与える改正前の EU 法が適用されている。一方で英国は「移民」の取り締まりに関する措置には参加している。特にダブリン協定を EU 法化したダブリン規則は EU 域外国から遠い英国に有利に機能している。例えば 2017 年の英国に関するダブリン規則の執行は、他国から英国に対する庇護希望者の引き受け要求数は 2,137 であるのに対し、英国から他国への送還要求数は 5,712 となっている（Home Office 2018）[2]。以上のように、EU 市民の地位と権利については EU 共通の縛りを受けるものの英国民もまたその恩恵を受け、それ以外については、英国は EU の枠組みを選択的に受容し、自国に有利な体制を築いてきたと言えるだろう。

2. 英国の戦後移民政策

　EU における英国の位置を確認したところで、次に、英国自身の移民政策を検討したい。英国が国籍法を制定したのは 1948 年のことである。本法は英連邦の市民に英国本土への移動の自由を認めていた。50 年代の労働力不足を満たしたのはこの英連邦市民であった。しかし 1958 年にノッティングヒルで人種暴動が発生したことで英連邦市民も含めた移民の制限が主張され、労働許可制度を導入した 1962 年の英連邦移民法を皮切りに次々と移民の制限が実施されていった（柄谷 2017、Stocker 2017: pp. 44-

---

1) 英国のオプトイン／オプトアウトの詳細は、英国政府 HP（https://www.gov.uk/government/publications/jha-opt-in-and-schengen-opt-out-protocols-3）を参照。
2) 但し英国については近年要求数に対して執行数が大幅に少なくなっている。2017 年の執行数は英国の引き受けが 461 に対し、他国への送還が 314 と逆転している。要求数に対して執行数が逆転するのは 2016 年も同様だが、2015 年は引き受け執行数 131 に対し送還執行数は 510 と逆転は起きていない。

図表 4-1　英国への出入移民(1964 年〜 2015 年)

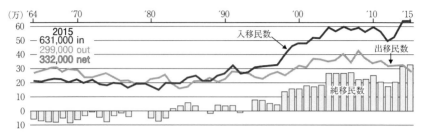

(出所) ONS(2016)(但し一部修正している).

63)。この結果、入移民は年間 20 万人前後で推移していった。一方で英国から他国への移民はそれ以上の数が続き、入移民から出移民を引いた純移民は 70 年代末まで平均すると数万人程度のマイナスを記録した。

80 年代、純移民は数年ごとにマイナスとプラスを行き来していたが、明確に基調が変わるのは 90 年代半ばである。**図表 4-1** に示されるように、1994 年から純移民はプラスとなり、98 年からはそれまで記録したことのなかった 10 万人以上という数字が続き、さらには 2014 年、15 年は 30 万人を突破した (ONS 2016)。90 年代は香港の中国への返還に伴う英国への移民、旧ユーゴスラビアやソマリアからの庇護希望者の増加があった。いわば外在的要因が英国への移民を増大させたのである。

しかし、2000 年代の大きな変化の要因のひとつには移民政策の転換がある。労働力不足を背景に、英国は従来の移民制限から移民の選択的受け入れへと舵を切ったのである（柄谷 2017、JILPT 2006, 2013）。1998 年に誕生した労働党政権はまず高度技能移民のポイント制を導入した。学歴や職歴などをポイント化し、一定のポイントを持つ移民を高度技能移民として受け入れるのである。さらに労働党政権は低技能労働者や季節労働者の受け入れ制度も整備していった。この時期は西ヨーロッパ諸国で同様の動きが進み、EU でも高度技能者を受け入れるいわゆる「ブルーカード指令」が制定された。ただしそれは「選択的」な移民の受け入れであり、技能だけでなくムスリムの統合が問題化し、「同化」措置とそれによる排除を伴うものであった（FitzGerald, Cook-Martín, García, & Arar 2017）。英国に

おいては強制婚とムスリム女性の同化問題が強調され、例えば、英国への出発前統合条件が 2004 年の宗教指導者を皮切りに導入され、その後、次々と対象を拡大していった。

「管理された移民」という、この労働党政権の選択的移民受け入れ政策が大きな政治問題を引き起こすのは、EU の東方拡大により新規加盟した加盟国からの移民受け入れの決断によってであった。2004 年の拡大対象国は 10 か国と多く、またその大半が旧社会主義国で旧加盟国と経済格差も大きかったため、加盟国はマルタとキプロスを除く新規加盟国の EU 市民の自由移動の権利を最長 7 年間制限することが認められた。これに対し、スウェーデン、アイルランドとともに英国はこの移動の制限を使用せず移民を受け入れることを決定した[3]。英国政府はこの措置により増加する移民を年 5,000 人から 1 万 3,000 人程度と見積もっていたが、実際には 2004 年 5 月から 2005 年 12 月の期間で 32 万 9,000 人を記録した。見積りは他の加盟国が制限をしないとの予想の上に作られたものであったことなど問題は多々あったが、いずれにせよ政府の予想は完全に外れ、大量の移民が流入することとなった（Evans & Menon 2017: p. 15）。労働党政権は 2005 年から移民受け入れ政策を見直し、ポイント制をすべての第三国国民の労働者に対して導入するなど、より移民制限的な方向性へと修正していった。2007 年に新規加盟したブルガリアとルーマニアについては労働者の自由移動を制限する 7 年間の移行措置を実施した。

3. 英国における移民問題の争点化と EU

移民を問題視する世論の高まりはすでに 1960 年代後半に始まっている（Stocker 2017: p. 47、Evans & Menon 2017: p. 42）。移民排斥を訴える極右政党は長らく議会に基盤を持たなかったが、彼らの主張が人々に受け入れられてこなかったというわけではない。それは EU 東方拡大による移民の激増のなかで表舞台に現れることになる。上述のように、EU 東方拡大

---

[3] 但し英国とアイルランドは社会保障を一部制限した。

図表 4-2　英国へのEU移民（2006年〜2016年）

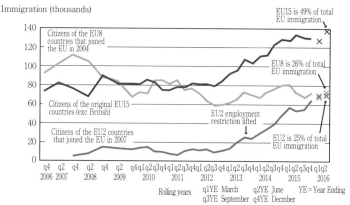

（出所）ONS – Supplementary Written Evidence（BMP0004）（但し一部修正している）．

図表 4-3　英国への入移民（2006年〜2016年）

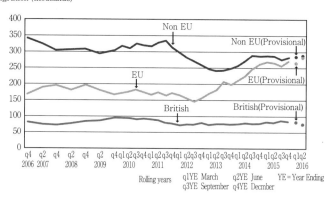

（出所）ONS – Supplementary Written Evidence（BMP0004）（但し一部修正している）．

で急増した移民に対応するためブルガリアとルーマニアには移行措置が取られたが、2014年に両国に対する移行措置が終了するとこの2国からの移民も急増する（**図表4-2**）。2016年6月時点でEU移民は第三国国民の移民と同規模にまで拡大し、入移民は約65万人を記録する（**図表4-3**）。労働党政権による移民政策の転換によって急増する移民に対して懸念する世論が高まる中、2005年の総選挙で野党保守党は「移民制限はレイシス

トではない」というキャンペーンを張り、移民問題を訴えた（Stocker 2017: p. 95, John, Bertelli, Jennings & Bevan 2013: pp. 135-8, 146）。ハワード（Michael Howard）党首は「常識」に訴え、英国の移民制度の混乱を懸念する勤勉な人々にレイシストの汚名を着せるのは侮辱であると主張した。2010年の総選挙では今日まで問題となる、純移民を10万人未満（tens of thousands）に抑えるという公約を掲げ、労働党に勝利する。

英国政治を長らく特徴付けてきた二大政党制もまた変容しつつあった（近藤 2017、高安 2018）。保守党は労働党に議席数で勝利したものの過半数を得ることはできず、2005年の総選挙で躍進していた自由民主党と連立政権を組んだ。2015年の総選挙では保守党が単独過半数を獲得したが多党化の流れは止まらなかった。自由民主党は議席を激減させた一方で、スコットランド国民党が大躍進を遂げたのである。この選挙では、小選挙区制に阻まれ議席は1に留まったものの英国独立党（UKIP）が得票率では保守党と労働党に続く12.6％を記録し、衝撃を与えた。UKIPは2004年、2009年の欧州議会選挙で16％強を得票し、2014年の欧州議会選挙では27.5％の支持を得て、ついに第1党となっていた。欧州議会選挙の投票率は30％台と低迷しているとはいえ、反EU、反移民のUKIPが保守党と労働党という二大政党を押さえ首位になったことは衝撃をもたらした。

保守党の移民数制限の公約とEU離脱の国民投票への道はこのようなUKIPとの票の奪い合いの中で生まれたのである（Clarke, Goodwin & Whiteley 2017: p. 143）。野党時代の2009年に保守党を欧州議会政党の欧州人民党から脱退させ、欧州懐疑主義の色を強めていたキャメロン（David Cameron）首相が2013年1月にEU離脱を問う国民投票の実施を宣言する（Macshane 2016: pp. 112-125）。このブルームバーグ演説でキャメロンは、2015年の総選挙で勝ったならば、EUと英国の新たな関係について交渉し、その結果を国民に問うとしたのである。同時期、メイ（Theresa May）内相の下、内務省が非正規移民に対する「敵対的環境」を作り出すキャンペーンを実施するとともに、移民法の改正が行われた。移民は不法と疑われ、様々な場面で自身の合法性の証明を課せられるようになった（Savage 2018）。

移民問題はブルームバーグ演説では触れられていなかったが、翌年にはEUとの交渉項目にEU移民の権利制限が含まれるようになっていった（Evans & Menon 2017: pp. 20-1）。それは移民の数の制限を要求する英国内の声と、それを絶対に認めないEU側との間で福祉ツーリズムに焦点を当てたものであった。2014年の欧州議会選挙、2015年の総選挙を経て保守党は単独政権となるが、UKIPが伸張する中で、キャメロンはEUとの交渉を本格化させていく。2016年2月、最終的に改革案が合意されるが、EU移民に関しては「社会給付と自由移動」との題のもと、おおよそ以下の内容となった（European Council 2016: pp. 19-24,33-36）。

1．加盟国は、居住する加盟国以外の加盟国へ子ども手当を送金する場合に子どもが居住する加盟国の生活水準に連動させることを可能にする。対象は新規に子ども手当を申請するEU労働者に限定されるが、2020年以降は全EU労働者に拡大可能とする。

2．社会保障システムの根幹に影響を与える、または労働市場や公共サービスに困難をもたらすほどの、長期にわたる例外的規模のEU労働者の流入があった場合のセーフガード・メカニズムを認める。加盟国は新規のEU労働者に対し無拠出の在職給付を最長4年制限することを求めることができ、理事会が決定する。理事会の決定は7年間有効となる。

3．将来のEU拡大時に人の自由移動に関する適切な移行措置を用意する。

4．EU市民との結婚以前に加盟国で合法的居住を確立していなかった第三国国民をEU市民の自由移動指令の対象から除外し、加盟国の移民法の対象とする。EU市民との婚姻による自由移動の権利濫用対策を強化する。

　以上の合意を受けて、キャメロンは2016年6月23日に国民投票を行うことを発表した。2017年末までのどこかとされていた国民投票の期日を2016年6月に定めた理由は、以下のように推測される。2017年後半は英国がEUの議長国となることが予定されていたことなどから、まず2017年は避けられた。2016年となると5月が候補にあがったが、これは地方

議会選挙があり同時期に行うことが認められなかった。9月ということも考えられたが、2015年夏の難民危機が繰り返される懸念からこれも避けられることになったと思われる（Armstrong 2017: pp. 58-60）。国民投票実施日の決定もまた移民問題の影響を受けていたのである。

4. 国民投票と移民問題

　EU離脱を問う国民投票の二大争点は経済と移民であった。残留派は経済を重視し、離脱派は移民を重視した。英国民は一般的にEUに懐疑的であるが、離脱が多数であったわけではなかった。英国社会態度調査（British Social Attitudes Surveys）によれば、2000年以降、離脱派は2割から3割にとどまっていた。しかしEU統合の深化への支持は少なく、現状維持にも批判的であった。一貫して4割強という多数の支持を得ていたのはEUの権限を縮小させて残留するという立場であった（**図表4-4**）[4]。残留支持の人も含めてEU移民に関して人々は移民の数量制限、福祉の制限を求めていた（**図表4-5**）。有権者の多くは国民投票の期日が決定する以前から離脱か残留かという意思決定を終えており、投票日までの期間で意見を変えなかった（Evans & Menon 2017: pp. 72-5）。多数派であったはずの消極的残留派はEU移民に関する不満などから離脱支持を決めており、キャメロンが行ったEU移民に関する合意も不十分なものとみなし、残留支持には回らなかった（Clarke, Goodwin & Whiteley 2017: pp. 20-7）[5]。

　EU離脱及びEU移民の制限は英国の経済に悪影響との指摘は多くの専門機関や専門家からなされた。移民に関する経済学的研究をみても、一般的に移民は一国の経済に寄与するとされる[6]。また英国への移民の影響に関する実証研究は総じて移民は英国に利益をもたらしていると結論する。EU離脱派がEUから離脱することで浮いた予算を回して充実させると主張した国民保健サービス（NHS）は移民によって支えられている。EU移

---

4) シティをはじめとするビジネスセクターも同様である（Macshane 2017: pp. 139-150）。
5) キャメロンの交渉結果には保守党内からも強い批判が出た。離脱支持を決めた保守党議員の半数以上がこの交渉後に態度を決めている（Evans & Menon 2017: pp. 50-1）。

図表4-4　英国とEUの関係についての態度(1992年～2017年)

	1992	1993	1994	1995	1996	1997	1998	1999	2000	2001	2002
	%	%	%	%	%	%	%	%	%	%	%
Leave the EU	10	11	11	14	19	17	14	13	17	14	15
Stay but reduce EU's powers	30	27	25	23	39	29	36	43	38	38	35
Leave things as are	16	22	20	20	19	18	23	20	19	21	23
Stay and increase EU's powers	28	22	28	28	8	16	9	11	10	10	12
Work for single European government	10	9	8	8	6	7	8	6	7	7	7
Unweighted base	2855	1461	1165	1227	1180	1355	1035	1060	2293	1099	3435

	2003	2004	2005	2006	2008	2012	2013	2014	2015	2016	2017
	%	%	%	%	%	%	%	%	%	%	%
Leave the EU	15	18	16	15	20	30	26	24	22	41	36
Stay but reduce EU's powers	32	38	36	36	35	37	39	38	43	35	33
Leave things as are	27	23	24	27	24	16	19	18	19	16	19
Stay and increase EU's powers	11	7	10	9	9	9	6	10	8	4	4
Work for single European government	6	5	4	4	3	2	3	4	3	2	3
Unweighted base	2293	3199	4268	1077	1128	1103	2147	971	1105	1965	2009

(出所) Curtice & Tipping (2018).

民を制限した場合、NHSもまた大きな悪影響を受けると指摘されていた。しかしこれらの議論は説得力をもたなかった(Clarke, Goodwin & Whiteley 2017: pp.48-9)。

このように大多数の専門家がEU離脱に反対する中で投票者の過半数は

---

6) 大量の移民労働者の流入が単純労働者および低技能労働者の賃金に対してはマイナスに働き、高所得者にはプラスに働くという研究は存在する。またEU移民は英国民の雇用に影響を与えないが第三国国民の移民は影響を与えるという研究もある。しかしそれらが正しいとしてもいずれも大きな影響ではないと考えられる(Clarke, Goodwin & Whiteley 2017: p. 113)。

図表 4-5　ＥＵ離脱国民投票での希望年間純移民量

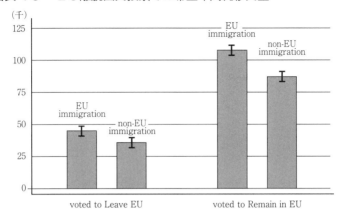

Note: the small bars show the 95% confidence intervals around the averages.
（出所）Hix, Kaufmann & Leeper（2017）（但し一部修正している）.

離脱を選択した。離脱と残留に有権者が大きく割れるなかで態度を決めかねていた層は、最終的に離脱支持の方に多く回った。有識者や残留派はこの浮動層は残留支持に流れると予想していた。保守的な現状維持バイアスが作用し、EU 残留を選ぶと考えていたのである。しかし、各種専門家の EU 離脱反対の意見は離脱支持を決めていた人々に大きな影響を与えなかっただけでなく、浮動層にも届かなかった。離脱という「現状変更」が選択された。

　なぜ専門家の声は人々に届かなかったのであろうか。投票直後から指摘されているのは、離脱派の公式の運動体である Vote Leave や UKIP が中心となっている Leave.EU、そして離脱派の中心であった政治家たちが不正確または間違った情報を繰り返していたことである[7]。人々がそのような情報を信じたのは、または正確な情報を信用しなかったのはなぜだろうか。

　離脱派と残留派それぞれの運動体についての有権者の評価を見てみよう。政治家やエリートへの不信を反映して両者ともに 4 割以上が正直では

7）但し残留派もまた不正確な情報を流していたと批判されている。

ないと見ており、5割前後が否定的なイメージを抱いている。しかしいずれも離脱派の方が低い数値となっており、肯定的な数値も離脱派の方が数％高い。普通の人々を代表しているのはどちらか、という質問については離脱派が46％に対して、残留派が31％となっており、残留派がエスタブリッシュメントを代表していると考えているのが41％に上る一方で、残留派は19％と大きな差が開いている（Clarke, Goodwin & Whiteley 2017: pp. 41-3）。

　政治家への信頼は一般的に低い。しかし一番人気があるのは離脱派の代表的政治家であるジョンソン（Boris Johnson）である。10段階でジョンソンは4.5であり、次にコービン（Jeremy Corbyn）が4.2、キャメロンが3.5と続いている。4位のファラージ（Nigel Farage）は3.2となっている（Clarke, Goodwin & Whiteley 2017: p. 50, 171）。残留派の代表的政治家はキャメロンであるが、ジョンソンに大きく差をあけられている。労働党の党首であるコービンも残留派であるが、元々EUに懐疑的であり、活発に残留キャンペーンをしていたとはいいがたい。労働党が残留支持という立場であることすらも支持者の3分の1には知られていなかった。キャンペーン期間中のメディア露出をみても、1位がキャメロン、2位がジョンソン、3位がオズボーン、4位がファラージ、5位がゴーヴ（Michael Gove）、6位がコービンである（Deacon, Harmer, Downey, Stanyer & Wring 2016: p. 6, Moore & Ramsay 2017: p. 32-4）。

　このようなポピュリズム的構図の要因として、主要政党の政策が中産階級を対象にしたものに収斂していることが挙げられる（Evans & Menon 2017: pp. 26-30,87-9, ジョーンズ 2017, Evans & Tilley 2017）。2000年代には保守党と労働党、自由民主党の政策は似通ったものになっていった。政治家もマスコミも特権階級が多数を占めており、エリートのコンセンサスは一般の人々の生活実態と乖離していった。対立点は政策の中身よりも政策の見せ方と権限をめぐる競争になっていったのである。特に移民に関する権限の剥奪感は特出しており（**図表4-6**）、EU離脱をめぐる国民投票はEUから各種の権限を取り戻すための、エリートに対する反乱の機会として捉えられた。「コントロールを取り戻す」というキーワードは運動体

図表 4-6　主要政策に関する権限の認識

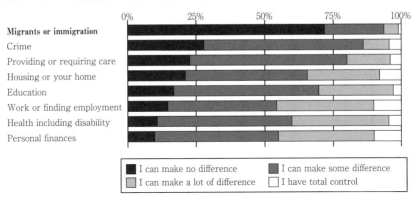

Source: Joseph Rowntree Foundation. Bases: All participants selecting issue, Providing or care (204); Education (386); Personal finances (615); Work or finding employment (319); Migrants or immigration (517); Housing or your home (453); Health, including disability (853); Crime (423)
（出所）Walker（2016）.

を超えて広く離脱派に使用され、各自が恣意的に取り戻したい対象を投影することができた。

まとめれば、一般的な政治不信の中で離脱派は相対的に信用されており、移民問題についても事実に基づく残留派の見解が人々に信用されなかったのである。残留派とそれを支える専門家はエスタブリッシュメントであり、有権者は彼らを自分たちの代表ではなく、対立相手とみなしたと考えられる。残留派の中でこの構図を覆す可能性のあったコービンは積極的に残留支持の動きを見せず、伝統的労働者もまた離脱に流れていった。

5.　EU 離脱とメディア

上述のように、多くの有権者の意見が国民投票以前に決まっていたのであれば、その意見がどのように形成されたのかが問題となる。また、移民に関する事実誤認がメディアによって訂正されなかったのはなぜか、も問題であろう。これについては長年の英国メディアの報道の影響が指摘されている[8]。

従来から英国メディアでは反 EU の報道が優勢であった。部数を加味す

ると3分の2以上の新聞がEUに懐疑的であった。ひとつの転換点は1989年にコメントを捏造してタイムズを解雇されたジョンソンがデイリー・テレグラフのブリュッセル担当記者になったことである（Macshane 2016: pp. 166-182, Lloyd & Marconi 2014: pp. 87-91, Stocker 2017: pp. 138-142）。ここでもまたジョンソンは話を作り、反EUの機運を作っていった。メディアのオーナーたちがいまもこの裏に存在する。例えば、マードック（Rupert Murdoch）は欧州懐疑主義を取る政治家を金銭的に支援してきたし（Macshame 2016: p. 111）、2014年にはデイリー・エクスプレスがUKIPを支持し、オーナーはUKIPに多額の寄付をしている（Stocker 2017：p. 139）。このような動きは反EUのタブロイド紙に限られない。BBCも反EUの色彩が強い報道をしており、ファラージを数多く起用した。またインディペンデント紙もファラージをコラムニストとして起用した。UKIPが反移民の立場を鮮明にし、移民問題の根源をEUに求めたように、メディアでも反EUは反移民のメッセージと結び付いていく。

　反移民の報道もまたファラージ登場以前から英国メディアで支配的であった。90年代後半の庇護希望者の激増を受けて、メディアは庇護希望者が疫病を英国にもたらしているとのフェイクニュースなどを流しながら、庇護希望者の制限を主張し、バッシングを繰り返した（Stocker 2017: pp. 75-84, Khan 2012）。2002年の調査では世界の庇護希望者と難民の23％を英国が受け入れていると、回答者の平均は信じているという結果が出た。実際の数字は1.98％である。

　庇護希望者の後は、中東欧からのEU移民へのバッシングと、難民危機を打開できないEUへの批判が続いた（Gerard 2016, Allen 2016, Stocker 2017: pp. 133-8）。メディアは移民を「コントロール不可能な」「不

8）テレビや新聞といった主流メディアに対してインターネット・メディアやSNSの影響の高まりが指摘されている。離脱、残留両者のキャンペーンもネットに着目し、多額の資金を投入している。しかし主流メディアはその規模、争点提示機能等において極めて重要な役割を果たしている。確かに新聞の購読者は減少しているが、それ以上にウェブへのアクセス数は（全世界からとはいえ）膨大であり、その影響力は大きい（Moore & Ramsay 2017: pp. 166-8, Stocker 2017: p.203）。デイリー・メイル、サン、エクスプレスの普及度と離脱票には正の関係が確認されている（Becker, Fetzer & Novy 2017: p. 636）。

法な」ものとして描いてきた。移民は福祉を求めて移動し、疾病、犯罪、反社会的振る舞いを英国に持ち込むとされた。この結果、移民への懸念とEUへの不支持が強い正の相関を持つようになっていった（Evans & Menon 2017: pp. 18-9）。英国の移民人口については英国民の約70％が実際よりも多く見積もっている。平均すると移民の割合は現実の二倍以上あると思われており、不法移民のイメージが強い（Newman, Booth & Shankar 2017: pp. 22-3, Blinder & Jeannet 2017: pp. 10-1）。Blinder & Jeannet（2017）は情報を与えることで英国の移民についての推計が変化するかを調査したが、不法移民に関する情報については影響が見られなかったと報告している。これはすでに英国メディアが移民を不法移民として描いてきたためではないかと推測している。

　反移民・反EUのポピュリスト政党としてUKIPが有名であるが、UKIP支持者と一般の有権者の間に根本的な違いがあるわけではない。英国の民主制への不満はUKIP支持者が大幅に高いが、一般の有権者も半数以上が不満を抱いている。調査では、自分たちを政府が公平に扱っていないとの答えは、UKIP支持者の方が高いが、両者ともに半数を超えている。さらに問題なのはマイノリティへの態度が総じて否定的であり、両者にほとんど差が見られないことである。ムスリムに対してはUKIP支持者の方が否定的な度合いが強いが、アジア系および東欧系に対しては一般の有権者の方が若干ではあるが否定度が強い（Clarke, Goodwin & Whiteley 2017: pp. 101-3）。UKIPへの投票者は選挙ごとに大きく入れ替わっていることからもUKIP支持者が少数の特異な集団とは言えない（Mellon & Evans 2016）。政治から見放されているという意識や反移民的態度は英国社会全体に広がっているのである。

　移民バッシングは国民投票期間も継続された。キャンペーン期間中の報道も経済と移民が二大争点であった（Deacon, Harmer, Downey, Stanyer & Wring 2016, Moore & Ramsay 2017）。全体としては経済が一番大きな問題として報じられていたと言えるが、キャンペーン期間の半ばに移民に関する統計が発表され、経済と移民への注目の差は後半縮まっていた。主要な新聞は離脱と残留に割れており、紙面総量に占める割合は、残留が

第 1 部 Brexit はなぜ起きたのか

図表 4-7　部数を加味した残留・離脱の新聞報道量
（2016 年 5 月 6 日〜 6 月 22 日）

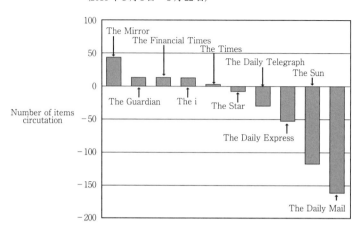

（出所）Deacon, Harmer, Downey, Stanyer & Wring（2016）p.13.

40％に対して離脱が 60％、さらに各紙の販売部数を加味すると人々の目に触れる 80％の記事が離脱の見解であり、残留支持の記事は 20％となる（図表 4-7）[9]。

国民投票をめぐる報道の多数を占める離脱支持のメディアはどのような情報を流していただろうか。

経済については離脱派の EU 加盟のコストが間違った情報であると指摘されている。しかし実は残留派による EU 離脱時の 2030 年の家計負担増についての主張の方がおよそ 2.5 倍も議論されている。そして経済問題は投票日が近づくにつれて移民と関連付けられるようになった（図表 4-8）。その最たるものは移民によって公共サービスが逼迫するというものである。移民問題の報道はキャンペーン期間のはじめに比べると 3 倍の量になり、最終的に経済よりも多く新聞の第一面を飾っている。その多くは離脱派によるものである（Moore & Ramsay 2017: pp. 16-29,40-45）。

Vote Leave は Leave.EU と差異化するために当初は移民問題を避けて

9）インターネット上でも離脱派が終始優勢であった。

第4章 移民問題とメディア政治

図表4-8　全記事における移民に言及した経済記事の割合（4月15日〜6月23日）

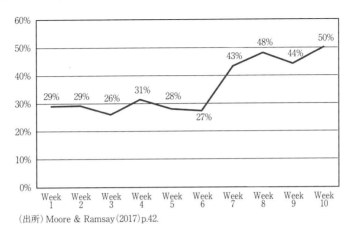

(出所) Moore & Ramsay (2017) p.42.

いた (Evans & Menon 2017: pp. 52-3, Clarke, Goodwin & Whiteley 2017: pp. 31-5,54)。しかし2016年5月26日にONSが2015年の純移民を33万3,000人と発表すると方針を転換した。ジョンソンやゴーヴらはEUにとどまる限り純移民を年10万人未満に抑えるという公約は実現できないとし、オーストラリア型のポイント制を提案した。このポイント制は内容が不明確であり、すでに英国はポイント制を導入していることからもそれがどのように純移民を削減できるのかは不明である。しかしポイント制による純移民の削減は、少なくとも2015年からUKIPが主張していたものである。UKIPと差異化しようとしていた保守党中心の離脱派は、その主張の激しさと根拠の不明確さにおいてはUKIPと違いがなかったといえるだろう。しかし大きく2つに分かれていた離脱派のキャンペーンはそれぞれ別の聴衆に訴えかけ、効果を上げたと考えられる (Clarke, Goodwin & Whiteley 2017: pp. 164-5, 208, Usherwood & Wright 2017: p. 385)。そしてそれは離脱派のメディアで公表され拡散されていたのである。

例えば、ゴーヴはトルコとその他4か国が2020年までにEUに加盟し、500万人以上の移民が英国へ押し寄せると主張した (Evans & Menon 2017: p.54, Clarke, Goodwin & Whiteley 2017: p. 53, Moore & Ramsay 2017: pp. 66-8)。さらにトルコがヴィザ免除になることでイラン、イラク、

図表 4-9　Vote Leave の広報ビラ

シリアからイギリス海峡まで国境のない地域が作られるとも主張した。Vote Leave としても同様の主張を広めている（図表 4-9）。EU 拡大による大量の移民の流入は公共サービスの負担増だけではなく犯罪やテロの増加と結び付けられた。実際には 2020 年までにトルコの EU 加盟が実現する可能性は極めて低く、また英国がシェンゲンに参加していないため仮にトルコがヴィザ免除になったとしても英国は影響を受けることはない。しかしゴーヴの主張を伝える BBC の記事が典型的であるように、中立的なメディアでもファクトチェックはされず残留派のキャメロンの反論が両論併記されるだけであり、有権者は何が事実なのかを知ることが困難だった（BBC 2016）。これは移民の積極的な側面についても同様である。残留派は移民の積極的意義を主張したことがあったものの、それは残留支持のメディアも含めて離脱派の主張と比べて肯定的に取り上げられなかった。その結果、残留派は離脱派の主張と方法を批判するにとどまり、移民の経済や財政への貢献の事実を浸透させることができなかった（Moore & Ramsay 2017: pp. 68-9）。

これに対して離脱派のメディアはポーランド、ブルガリア、ルーマニア、アルバニア、トルコの移民に言及する際には圧倒的に否定的に描いた（図

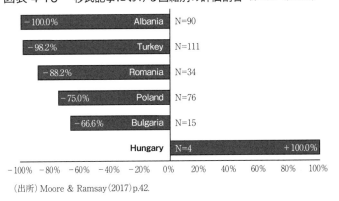

図表 4-10　移民記事における国籍別の評価割合 (第1週〜第10週)

(出所) Moore & Ramsay (2017) p.42.

表4-10)。それは国民投票以前からメディアが積み重ねてきた疾病、犯罪、反社会的振る舞いを英国に持ち込む「コントロール不可能な」移民の姿であった。そしてまた数々の事実誤認に基づくものでもあった。

　人種差別的な扇動として強い批判を浴びた国民投票の最終盤にUKIPが作成したポスターはシリア難民の写真を使っていた。上述の通り、英国はEUの難民政策には限定的にしか参加しておらず、ギリシャから中東欧を移動してくる彼らを他の加盟国に送還することができる。EUの難民受け入れの負担共有の決定は中東欧諸国を中心に大きな議論と反対を巻き起こしたが、これにも英国は参加していない。しかしこのような間違った認識に基づく情報が数多く報じられてしまっていたのである。例えば、エクスプレス紙の記事 (Moore 2016) はUKIP作成ポスターと同じ写真を用いて移民によって学校が足りなくなると主張する記事を出している (図表4-11、12)。

　このように離脱派のメディアは実際の英国の状況と無関係または出所不明のイメージ画像を用いて移民流入の危機をあおっていたのである。それはまた「合法移民」「不法移民」「難民」「庇護希望者」といった区別もなされないものであり、移民を外部からの脅威として描いていた (Moore & Ramsay 2017: pp. 79-93)。例えば、保守派の高級紙の代表であるデイリー・テレグラフは、キャメロンがEUとの交渉でどれだけの成果を上げたかをまとめた記事において移民問題を冒頭に持ってくるが、添えられていた写

図表 4-11　UKIP 作成のポスター

(出所) Moore & Ramsay (2017) p.80.

図表 4-12　エクスプレス紙の記事に付された画像

(出所) Moore & Ramsay (2017) p.80, Moore 2016.

真はフランス、カレーのいわゆるジャングルであった（Foster 2016）。カレーのジャングルは第三国からの庇護希望者や狭義の移民が英国への入国を求めて滞在している地域である。キャメロンと EU との交渉課題となっていた EU 移民は無関係である。またシェンゲンに英国は参加していないため国境管理の問題としても無関係である。むしろダブリン規則によって英国は庇護希望者をフランスその他の EU 加盟国に送還することが可能なのであり、EU 法によって負担を免れている事例である。さらに言えば、ジャングルは英国とフランスとの間で協力体制を築き英国への移民の流入

が起こらないように管理されているのであり、英国のEU離脱によってこの協力体制が見直されることが示唆されていた（Samuel 2016）。

当然ながら残留派はこれらに反論を続けた（オリヴァー 2017）。しかし、残留派自身も自らも公約した純移民の削減が不可能であることは自覚しており、防戦一方であった。離脱派は専門家やシンクタンク、さらには国家機関までも信用できないと攻撃した。残留派の運動体とメディアをエスタブリッシュメントやエリートと位置付けるポピュリスト的話法を使用し、残留派の主張を無効化したのである（Evans & Menon 2017: p. 62，Moore & Ramsay 2017: pp. 150-161，Usherwood & Wright 2017: pp. 384-5]。ここに現状維持バイアスが働かなかった理由がある。国民投票以前から積み上げられてきた移民増大の脅威というフレームがテロのリスクの増大やEU政治統合の深化による英国の権限の一層の縮小を想起させ、離脱派は残留こそが現状を変えると主張したのである[10]。すでに取り残されたと感じている人々、移民に否定的態度を取る人々はEU離脱の利益を強く信じており、離脱のコストを極めて低く見積もったのである（Evans & Menon 2017: pp. 78-80，Clarke, Goodwin & Whiteley 2017: p. 168）[11]。

本稿の結論をまとめよう。英国政治において移民問題は90年代の庇護希望者の増大、そして労働党政権の移民受け入れ政策によって大きな転換を迎えた。移民の流入量が予想を大きく超えるものであったため英国政府は政策の見直しを迫られた。UKIPが台頭し、移民問題の対策が課題となる中で保守党が純移民を10万人未満にすると公約し、政権を獲得する。長年のメディアの移民バッシングもあり、移民削減はEUへの支持とは無関係に広く英国民に共有された課題であった。しかしその公約は実現されないままEU離脱をめぐる国民投票において移民問題は主要争点となり、従来からの反EU、反移民のポピュリズム的フレームに乗り、不正確な情

---

10) 離脱支持の人の65％がＥＵ離脱なくして移民制限は不可能であると考えていた一方で、残留支持の56％はＥＵを離脱しても移民制限はできないと考えていた（Curtice 2016: p. 10）。
11) 近年、移民人口が増えた場所で離脱が支持される傾向もＥＵ残留が現状の変更をさらに進めると認識されたことで説明可能であろう（The Economist 2017）。中東欧からの移民が増大した、低技能労働者または製造業が多い地域は離脱支持の割合が高い（Becker, Fetzer & Novy 2017: p. 635）。

報が正されないまま、「現状維持」のために EU 離脱を選択する有権者を生み出したといえよう。

(2018 年 7 月 31 日脱稿)

<参考文献>
- 柄谷利恵子 (2017)「イギリス　ポイント・システム導入と民営化の進展」小井土彰宏編『移民受入の国際社会学』名古屋大学出版会。
- オリヴァー、クレイグ (2017)『ブレグジット秘録――英国が EU 離脱という「悪魔」を解き放つまで』光文社。
- 近藤康史 (2017)『分解するイギリス――民主主義モデルの漂流』ちくま新書。
- ジョーンズ、オーウェン (2017)『チャブ:弱者を敵視する社会』海と月社。
- 須網隆夫 (1997)『ヨーロッパ経済法』新世社。
- 高安健将 (2018)『議院内閣制――変貌する英国モデル』中公新書。
- 土谷岳史 (2005)「EU と民主的シティズンシップ――第 3 国国民の包摂を中心に」日本 EU 学会年報第 25 号。
- 土谷岳史 (2006a)「EU シティズンシップとネイション・ステート:セキュリティ、平等、社会的連帯」慶應法学第 4 号。
- 土谷岳史 (2006b)「EU 領域秩序の構築」福田耕治編『欧州憲法条約と EU 統合の行方』早稲田大学出版部。
- JILPT (2006)「英国における外国人労働者受入れ制度と社会統合」『欧州における外国人労働者受入れ制度と社会統合――独・仏・英・伊・蘭 5 か国比較調査』(労働政策研究報告書 No.59)。
- JILPT (2013)『諸外国における高度人材を中心とした外国人労働者受入れ政策――デンマーク、フランス、ドイツ、イギリス、EU、アメリカ、韓国、シンガポール比較調査』(資料シリーズ No.114)。
- Allen, William L (2016) 'A Decade of Immigration in the British Press', COMPAS, University of Oxford, UK, November 2016.
- Armstrong, Kenneth A. (2017) *Brexit Time: Leaving the EU – Why, How and When?*, Cambridge University Press.
- BBC (2016) 'Turkey EU accession poses security risk - Michael Gove', 8

June 2016.

(http://www.bbc.com/news/uk-politics-eu-referendum-36479259)

- Becker, Sascha, Fetzer, Thiemo & Dennis Novy (2017) 'Who voted for Brexit?: A comprehensive district-level analysis', *Economic Policy*,Vol. 32 Issue 92, October 2017.
- Blinder, Scott & Anne-Marie Jeannet (2017) 'The 'illegal' and the skilled: effects of media portrayals on perceptions of immigrants in Britain', *Journal of Ethnic and Migration Studies*, online first.
- Clarke, Harold D., Goodwin, Matthew & Paul Whiteley (2017) *Brexit: Why Britain Voted to Leave the European Union*, Cambridge University Press.
- Curtice, John (2016) 'The Two Poles of the Referendum Debate: Immigration and the Economy', NatCen Social Research.

(http://whatukthinks.org/eu/analysis/the-two-polesof-the-referendum-debate-immigration-and-the-economy/)

- Curtice, John & Sarah Tipping (2018) 'Europe', *British Social Attitudes 35*, NatCen Social Research.

(http://www.bsa.natcen.ac.uk/media/39250/bsa35_europe.pdf)

- Deacon, David, Harmer, Emily, Downey, John, Stanyer, James & Dominic Wring (2016) 'UK news coverage of the 2016 EU Referendum. Report 5 (6 May - 22 June 2016)', Loughborough: Loughborough University Centre for Research in Communication & Culture, 27 June 2016.
- The Economist (2017) 'Explaining Britain's immigration paradox, *The Economist (online)*, 11 April, 2017.
- European Council (2016) *European Council conclusions*, 18-19 February 2016.
- Evans, Geoffrey & Anand Menon (2017) *Brexit and British Politics*, Polity.
- Evans, Geoffrey & James Tilley (2017) *The New Politics of Class: The Political Exclusion of the British Working Class*, Oxford University Press.
- FitzGerald, David S., Cook-Martín, David, García, Angela S. & Rawan Arar (2017) 'Can you become one of us? A historical comparison of legal

selection of 'assimilable' immigrants in Europe and the Americas', *Journal of Ethnic and Migration Studies*, published online 18 April 2017.
- Foster, Peter (2016) 'EU deal: What David Cameron asked for... and what he actually got', *The Telegraph*, 14 June 2016.
(https://www.telegraph.co.uk/news/2016/05/19/ eu-deal-what-david-cameron-asked-for-and-what-he-actually-got/)
- Gerard, Liz (2016) 'The Press and immigration: reporting the news or fanning the flames of hatred?', *SubScribe: Notes on the best and worst of British journalism*, 3 September 2016.
(http://www.sub-scribe.co.uk/2016/09/the-press-and-immigration-reporting.html)
- Hix, Simon, Kaufmann, Eric & Thomas J. Leeper (2017) 'UK voters, including Leavers, care more about reducing non-EU than EU migration', *British Politics and Policy at LSE*, May 30th, 2017.
(http://blogs.lse.ac.uk/politicsandpolicy/non-eu-migration-is-what-uk-voters-care-most-about/)
- Home Office (2018) 'Immigration statistics, October to December 2017 second edition', first published 22 February 2018, Last updated 21 March 2018.
(https://www.gov.uk/government/publications/immigration-statistics-october-to-december-2017/how-many-people-do-we-grant-asylum-or-protection-to#dublin-regulation)
- John, Peter, Bertelli, Anthony, Jennings, Will & Shaun Bevan (2013) *Policy Agendas in British Politics*, Palgrave Macmillan.
- Khan, Amadu Wurie (2012) 'UK Media's Pathology of the Asylum Seeker & the (mis) Representation of Asylum as a Humanitarian Issue', *eSharp*, Special Issue: The 1951 UN Refugee Convention -60 Years On.
- Lloyd, John & Cristina Marconi (2014) *Reporting the EU: News, Media and the European Institutions*, I.B.Tauris.
- Macshane, Denis (2016) *Brexit: How Britain Left Europe*, I.B.Tauris.

- Mellon, Jonathan & Geoffrey Evans (2016) 'Are Leave Voters Mainly UKIP?', *British Election Study*, 7 August 2016.
  (http://www.britishelectionstudy.com/bes-impact/are-leave-voters-mainly-ukip-by-jonathan-mellon-and-geoffrey-evans/#.WvAvPojFLD4)
- Moore, Fraser (2016) "Migrant influx could cause THOUSANDS of children to MISS OUT on primary school places", *Express*, Apr 18, 2016.
  (https://www.express.co.uk/news/uk/661944/priti-patel-brexit-thousand-children-miss-out-primary-school)
- Moore, Martin & Gordon Ramsay (2017) 'UK media coverage of the 2016 EU Referendum campaign', Centre for the Study of Media, Communication and Power, Kings College London, May 2017.
- Newman, Henry, Booth, Stephen & Aarti Shankar (2017) 'Beyond the Westminster Bubble: What people really think about immigration', *Report 12/2017*, Open Europe.
- ONS (2016) 'Explore 50 years of international migration to and from the UK', 1 December 2016.
  (https://www.ons.gov.uk/peoplepopulationandcommunity/populationandmigration/internationalmigration/articles/explore50yearsofinternationalmigrationtoandfromtheuk/2016-12-01)
- ONS (2017) 'What information is there on British migrants living in Europe?: Jan 2017', 27 January 2017.
  (https://www.ons.gov.uk/peoplepopulationandcommunity/populationandmigration/internationalmigration/articles/whatinformationisthereonbritishmigrantslivingineurope/jan2017)
- Samuel, Henry (2016) 'French politicians tell Britain 'take back your borders' after EU vote', *The Telegraph*, 25 June 2016.
  (https://www.telegraph.co.uk/news/2016/06/25/calais-mayor-calls-for-migrant-camps-to-be-moved-to-britain-foll/)
- Savage, Michael (2018) "If you create a hostile environment, you shouldn't be surprised that it's hostile", *The Guardian*, 22.4.2018.

- Stocker, Paul (2017) *English Uprising: Brexit and the Main Streaming of the Far Right*, Melville House UK.
- Usherwood, Simon & Katharine AM Wright (2017) 'Sticks and stones: Comparing Twitter campaigning strategies in the European Union referendum', *The British Journal of Politics and International Relations*, Vol. 19 No. 2.
- Walker, Peter (2016) 'Poorer voters' worries on immigration fuelled Brexit vote, study finds', *The Guardian*, 15 December 2016.
(https://www.theguardian.com/politics/2016/dec/15/poorer-voters-worries-immi- gration-fuelled-brexit-vote-study-finds)

第 1 部　Brexit はなぜ起きたのか

第 5 章　英国労働市場の変化と
　　　　増大する中下層の固定化

亜細亜大学国際関係学部専任講師　太田 瑞希子

1. はじめに

　Brexit を問う国民投票の結果を受けて、主に世論調査・出口調査に依って残留に投票した人々と離脱に投票した人々をその社会的帰属から説明する報道や報告は、英国の国民間の様々な分断が投票行動を決する分岐点となったことを示した。そこでは、自国に関わる政策の意思決定は自国で行うべきだから、または移民と国境管理に関する権限を自国に取り戻すため、といった投票者本人が自覚する離脱支持の理由として明確に意識する動機だけではなく、彼らが育ち生活する環境、受けた教育のレベル、所得水準などに見られる英国の国民間に各種の分断あるいは格差というものが投票行動を左右したことが示された。

　分断を構成する各要素を確認すると、必ずしも全てが EU の政策に誘因を持つものではなく、むしろ英国政府の政策の結果として生じた事象であるものも多い。EU への拠出金[1]やユーロ危機以降の危機国支援の負担感増大などはもちろん EU 加盟国ゆえだが、離脱票投票者の主流を占めた低学歴・低技能（非熟練労働者）という特徴は EU にその責を負わせることは適切ではない。よって、本章では EU 離脱を支持した人々が主に社会的

※　本稿は太田（2018）を加筆・修正したものである。
1）ボリス・ジョンソンやナイジェル・ファラージなどに代表される離脱推進派は、離脱が実現されれば英国の EU への拠出金を国民保健サービス（National Health Service: NHS）に振り替えてサービスを拡充できると主張した。

第 1 部 Brexit はなぜ起きたのか

図表 5-1　年齢層別の投票行動

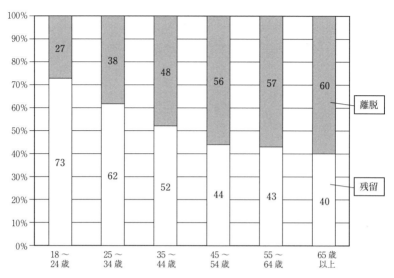

（出所）Lord Ashcroft Poll's (2016) より著者一部修正。

にどのような層に所属するのかを改めて確認した上で、彼らを取り巻く環境の変化が英国の国内政策に大きく依拠することを提示する。

2.　投票行動による分類

　数多くの報道により、投票者の年齢が投票行動を説明する大きな要因であることはすでに示されている。端的に言えば、高齢者層ほど離脱支持が大勢を占め、若年層ほど残留支持が主流となる。EU 残留と EU 離脱の分岐点は 40 代前半であり、44 歳以下は過半数が EU 残留を支持した。**図表 5-1** は、英国の世論調査 Load Ashcroft Poll's[2] による出口調査の結果である。18 〜 24 歳では 73% と残留支持率が圧倒的に高かった一方、45 歳以上では EU 離脱が大勢であり、65 歳以上では 60% が離脱を支持したことが読み取れる。65 歳以上の層の離脱支持率は、18 〜 24 歳層の残留支持率

2）国民投票に関する BBC など主要メディアによる分析も同世論調査をベースとしている。

110

図表 5-2　学位取得と投票行動の連関性

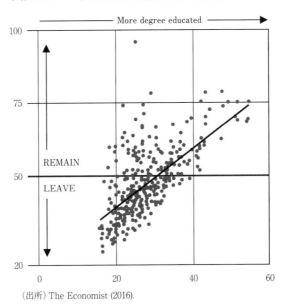

(出所) The Economist (2016).

より低い。しかし、18～24歳の有権者登録率は70％前後、65歳以上の有権者登録率は95％であった。さらに投票率は18～24歳が36％と低調であったのに対し、55歳～64歳が81％、65歳以上が83％と大きな差があった[3]。有権者登録の締め切り間近には、若年層の駆け込み登録が相次ぎ登録のためのオンラインシステムのサーバーがダウンしたため、登録期間が2日延長されるという措置が取られたが、中・高齢者層の高い有権者登録率と投票率には及ばなかったため離脱派に勝利がもたらされた。

　投票者の教育レベルでも明確な傾向の違いが確認できる。投票者が大学学部課程以上の高等教育を修了しているか否かが投票行動を説明する重要な要素であることは、様々な調査から明らかになっている。**図表5-2**はその一例である。Lord Ashcroft Poll's による出口調査では、大学学部レベルの学位取得者は57％、大学院レベルの学位取得者になると81％が残留を支持した[4]。一方、義務教育である Secondary School[5] レベルしか修了

---

3) Sky Data (2016).

図表 5-3　人口層別の離脱支持率

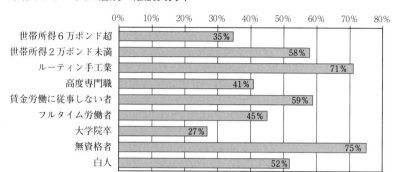

（出所）Goodwin, M. and Heath, O. (2016) より筆者一部修正。

していない有権者はそのほとんどが離脱に投票した。Financial Times 紙が、投票行動と UK Census を基に行った分析でも、地区の居住者に占める学位取得者の割合は残留票と最も高い連動性を示した項目であった[6]。これは**図表 5-3**にも明らかである。大学院卒の修士号・博士号保有者で離脱を支持したのは 27％に過ぎず、高度専門職ではそれよりは高いが 41％と半数未満であった。

また、学位取得者は最終学歴が Secondary School 修了である者よりも平均所得は一般的に高いが、**図表 5-3**に示すとおり、世帯所得と離脱支持率にも強い負の関係性が認められる。世帯所得が 6 万ポンド超の層では離脱支持率は 35％であるのに対して、世帯所得 2 万ポンド未満の層では同数値は 58％に上昇する。低所得者層に多いルーティン手工業労働者ではさらに 71％、学部卒業資格や専門職の資格などを保有しない無資格者層では 75％にまで上昇する。つまり、低所得者層、失業者、非熟練労働者、低学歴者ほど離脱を支持したという傾向が認められる。

これらの層は過去 20 年弱の間に労働市場や税制など様々な変化の影響を最も受けた層であった。2010 年の総選挙で、英国の有権者はブラウン

---

4) Lord Achcroft Poll's (2016).
5) 英国の義務教育は 5 歳から 16 歳までの 11 年間。一般的には、11 歳から 16 歳までが中等学校（Secondary School）に該当する。
6) Financial Times (2016).

労働党政権からキャメロン保守党政権への移行を選択したが、政権交代を契機に導入された厳しい財政緊縮策は上記のような離脱支持派の生活を直撃してきた。2013年から英国経済は景気回復傾向を示していたにもかかわらず、数十万人に及ぶ公務員数の削減及び賃金凍結、福祉予算の削減、高い所得税率は維持された。一方で、労働市場ではゼロ時間契約を含むパートタイム労働の増加、移民の労働市場への流入などにより、低所得者層の上方置換は困難であった。

次節以降では、緩やかに拡大する所得格差、その背景にある労働市場の変化や不平等感の拡大について、順を追って考察する。

3. 労働市場と賃金

(1) フルタイム労働者の賃金低下

フルタイムで雇用されている労働者はパートタイムで雇用されている労働者と比した場合に総所得が高い傾向を示すケースが多いが、高技能労働者が高い時間当たり賃金を得てパートタイムで雇用されるケースも少なくない。よって、ここではまずフルタイム雇用の賃金レベルを確認する。

図表5-4は、フルタイム雇用の時間当たり賃金が中央値の3分の2に満たない職を低賃金、時間当たり賃金が中央値の2分の3（1.5倍）以上の職を高賃金、その間の職を中賃金とするOECDの定義に従って、2000年から2015年までの賃金レベル別シェアを示したものである[7]。2000年に21.9％であった低賃金雇用は2001年と2002年にごくわずかに上昇したものの以降は2014年まで21％台で推移したのち、2015年に20.5％となっており、低賃金の雇用は微かなシェアの低下を見せている。同時に高賃金の雇用も、2003年から2014年まで26％台で推移していたが、2015年には25.8％となり以降も低下傾向が継続している[8]。

ここで示した低賃金雇用の減少と高賃金雇用の減少は、2016年以降も継続している。低賃金雇用は、2016年は19.4％、2017年は18.4％と低下し、

---
7) 2017年は、中間値が14ポンド、低賃金が9.33ポンド未満、高賃金が21ポンド以上であった。
8) 2016年は25.3％、2017年は25.3％となっている。

第 1 部 Brexit はなぜ起きたのか

図表 5-4　フルタイム労働の賃金レベル別シェア（2000 ～ 2015 年）

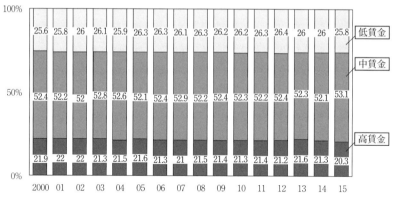

（出所）Office for National Statistics (2017b), p.11 より筆者一部修正。

同様に高賃金雇用は両年とも 2015 年より低い 25.3％であった[9]。しかしながら、Office for National Statistics が指摘するように、2015 年以降の低賃金雇用のシェア低下は 2016 年に 4 月に導入された National Living Wage 制度の影響が大きい[10]。これは 25 歳以上の全ての労働者の最低賃金を 7.83 ポンド、21 歳から 24 歳までを 7.38 ポンド、18 歳から 20 歳までを 5.90 ポンド、18 歳以下を 4.20 ポンドに引き上げるものである[11]。もともと最低賃金は、2012 年には 6.19 ポンド、2013 年には 6.31 ポンド、2014 年には 6.50 ポンド、2015 年には 6.70 ポンドと上昇を続けてきた背景がある。よって 2015 年以降の低賃金雇用の減少はこの要因によるところが大きいと考えられる。一方、高賃金雇用の減少はこのように大きな説明要因は見当たらない。また、雇用数という点では低賃金雇用が中賃金雇用へと上方置換しているが、これがフルタイム労働者の賃金上昇を意味すると単純に評価することはできない点に注意が必要である。

　フルタイム労働者の週当たり賃金の中央値の推移を示したのが**図表 5-5**である。名目週当たり賃金は 2000 年の 359.0 ポンドから、2003 年には

9）図表 5-3 同様、Office for National Statistics (2017b).
10）Ibid, p.10
11）GOV.UK (2018a).

図表 5-5　フルタイム労働者の週当たり賃金（中央値）の推移（2000〜2015 年）

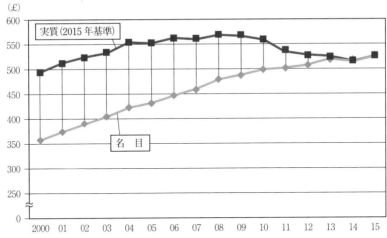

（出所）Office for National Statistics (2015), p.3.
（注）　フルタイム労働者は、週 30 時間以上（教職は週 25 時間以上）有給勤務を行う労働者を指す。

404.0 ポンドと 400 ポンド台となり、2011 年には 500 ポンドを超えた。2015 年は 527.7 ポンドと過去最高となっており一貫した上昇傾向であった。しかし実質週当たり賃金をみると、2008 年の 570.0 ポンドをピークに、その後は低下に転じ、名目週当たり賃金とのギャップは著しいスピードで縮小してきた。実質週当たり賃金は 2014 年には 517.9 ポンドまで落ち込み、同年 518.3 ポンドであった名目週当たり賃金と逆転している。なお 2015 年は名目、実質ともに 527.7 ポンドで一致している。

英国の消費者物価指数（CPI）は 2000 年の 0％台からじわじわと上昇し、2005 年には 2％超、2008 年 9 月には 5％を超えた。リーマン危機などで 2009 年半ばには落ち込んだものの再上昇し、2011 年に 5％を回復した。その後 2015 年は落ち込んだものの平均で 2％を超える水準であった。よって、賃金上昇は消費者物価の上昇を下回ったため、実質賃金の下落となった。これにより、名目賃金と実質賃金は著しく収斂し、特に実質賃金の下落は**図表 5-4** で確認した高賃金雇用の減少と相まって、フルタイム労働者にとって 10 年前と比較して生活水準が悪化しているという実感をもたら

していると考察できる。

(2) パートタイム労働者の急増

英国の雇用者に占めるパートタイム労働者の割合は、男女では若干異なる傾向を示すものの 2000 年から 2015 年ではどちらも上昇を見せている。男性雇用者全体に占めるパートタイム労働者の割合は 2000 年の 8.9％から 2015 年には 13.4％への上昇であったが、女性雇用者では 44.4％から 57.8％と 13.4％ポイントという著しい上昇を見せた（**図表 5-6**）。この 2015 年の数値を他の EU 諸国と比較すると、男性はデンマーク、オランダ、スウェーデン、ノルウェー、スイスに次いで 6 番目、女性はドイツ、オーストリア、オランダ、スイスに次ぐ 5 番目の高さとなっている。

このパートタイム労働者増加の最大の要因と見られるのが「ゼロ時間契約（Zero-hour contract）」の増加である。ゼロ時間契約は、「待機労働契約」とも「臨時労働契約（casual contract）とも呼ばれ、一般的に①雇用主が必要とする時に「呼び出し（on-call）」に応じて勤務する[12]、②勤務時間の保証はない代わりに仕事を引き受けるか否かの選択は労働者が行うことができる、という特徴で説明される。平均的に週 6 ～ 8 時間の勤務が保証され、かつ必要及び可能な場合にはそれに追加して勤務する「短時間契約（small-hours contracts）」とは異なり、最低限の勤務時間も規定されない雇用形態である。

ゼロ時間契約は 1998 年の労働時間規制（Working Time Directive）[13]を法的根拠としており、近年になってその増加率は加速してきた[14]。2004 年には 10 万 8 千人であったが、2012 年には 25 万人、2013 年には 50 万人、2015 年には 80 万人、2016 年には 90 万人に達した。十数年で実に 8.37 倍に増加したことになる（**図表 5-7**）[15]。

ゼロ時間契約の普及は、英国の失業率の低下に貢献しているとの評価も

---

[12] Pennycook, M. et al, (2013), p.6.
[13] United Kingdom Statutory Instruments 1998 No.1833, The Working Time Regulation 1998.
[14] それ以前にも類似の契約形態は存在したが、現場待機（on-site）を基本としており、自宅待機（off-site）契約であるゼロ時間契約とは異なっていた。
[15] 実際には公式統計よりもさらに多いと指摘されている。

図表 5-6　パートタイム労働者の割合の変化
（全体及び男女別の全雇用者に対する％）

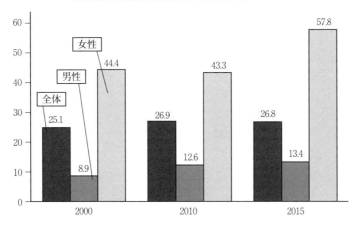

（出所）Office for National Statistics（2018b）より筆者作成。
（注）　各年第4四半期の季節調整値。

図表 5-7　ゼロ時間契約の推移

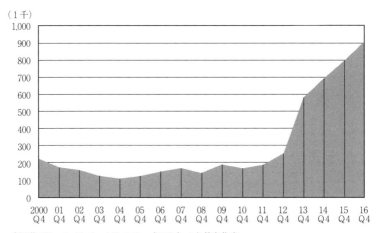

（出所）Office for National Statistics（2018a）より筆者作成。

図表 5-8　英国の失業率(%)

	2001	02	03	04	05	06	07	08	09	10	11	12	13	14	15	16
全体	5.6	4.7	5.0	4.8	4.6	4.8	5.4	5.3	5.6	7.5	7.8	8.0	7.9	7.5	6.1	5.3
男性	6.1	5.2	5.6	5.4	4.9	5.2	5.7	5.5	6.1	8.5	8.6	8.7	8.3	8.0	6.4	5.5
女性	4.9	4.1	4.4	4.1	4.2	4.3	4.9	4.9	5.1	6.4	6.9	7.3	7.4	7.0	5.8	5.1

（出所）Office for National Statistics, Labour Force Survey (2018b).

ある。しかし、図表 5-8 に示す通り、失業率が最も高かったのは 2012 年であり、2013 年以降に減少を見せるものの、2012 年以降のゼロ時間労働の急増加と一致するとは言い難い。2008 年以降の失業率上昇期[16]にゼロ時間契約者数も増加していることを考慮すると、この主張は説得力を持たない。むしろ、①年休取得の権利と最低賃金などは保証されているが、休暇手当の支給が雇用主に義務付けられていないなど、フルタイム勤務と比べて法的保障の範囲が限定される、②就労時間は雇用主に一方的に依存する、③解雇予告が不要である、といった労働者側に不利益の多い、かつ収入の不安定な就業形態であると言わざるを得ない。

　さらに、ゼロ時間契約の問題点は、雇用の不安定さや低い週当たり賃金、薄い法的保障などの弊害の最大の受け手が、非熟練労働者及び低所得者層であることである。図表 5-9 はゼロ時間契約の就労者の数及び割合を職業別に示したものである。ゼロ時間契約による就労者数が最も少ないのはマネージャー・ディレクター・幹部職（1万4千人）であり、その職業に従事する就労者における割合は 0.4% と極端に低い。一方、最も就労者数が多いのが初級職業（31 万人）であり、その職業の 9.3%、次に多いのが医療福祉・レジャー及び他のサービス業（20 万 6 千人）で同じく 7.1% である。ゼロ時間契約の就労者約 90 万人の 34% 以上が初級職業に従事している。職能が高度になるに従いゼロ時間契約による就労者が減少することは明らかである。言い変えればゼロ時間契約の大半は非熟練労働者を対象としているため、低所得者層の固定化を招く要因となる。

---

16) 2010 年を除く。

図表 5-9 職業別ゼロ時間就労者数及び割合（2016 年 4 月～6 月）

季節調整なし

	ゼロ時間契約の就労者数（千人）	その職業に従事する就労者における割合（％）	ゼロ時間契約の就労者全体における割合（千人）
マネージャー・ディレクター・幹部	14	0.4	1.6
士業・高度専門職	68	1.1	7.6
技術士補・技術職	61	1.4	6.8
行政職・秘書	48	1.5	5.3
熟練通商・貿易職	50	1.5	5.5
医療福祉・レジャーおよび他のサービス業	206	7.1	22.9
セールス・顧客サービス業	72	2.9	8.0
組立工・機械工	72	3.6	8.0
初級職業	310	9.3	34.3
合計	903	2.9	100

（出所）Office for National Statistics (2017a).

(3) 労働分配率とジニ係数

　上記で確認した実質賃金の低下、パートタイム雇用の急増、特にゼロ時間契約の急拡大が進んだ一方、労働分配率及びジニ係数はどう推移していたのを示したのが図表5-10である。労働への配分における固定費的要素によって、景気回復期には労働分配率は低下する傾向にあるため、労働分配率低下を賃金の伸び悩みだけにその要因を求めることは適切とは言い難い。しかし、英国の実質GDPは2000年から2015年にかけては、2008年の世界金融危機発生時以外はほぼ一貫して右肩上がりの傾向にあった。他方、労働分配率は2000年から2008年にかけて3年に一度低下するものの大きく捉えれば上昇傾向にはあるため、2009年までは景気拡大との連動性だけでは十分に連動していない。しかし、2010年以降、労働分配率は低下を続けており景気拡大期と一致する。すなわち、フルタイム雇用における2008年からの実質賃金の低下、2010年以降のパートタイム労働者の急増及びゼロ時間契約の拡大が、景気との連動性だけでは一貫した傾向を示さなかった労働分配率の動きをより景気連動的に動かしたと言えるのではないだろうか。

　また所得格差を示すジニ係数の推移をみると、2010年以降は1年毎に上昇下落を繰り返しつつ全体として上昇傾向にあることがわかる。特に、

図表 5-10　労働分配率とジニ係数の推移(2000 〜 2015 年)

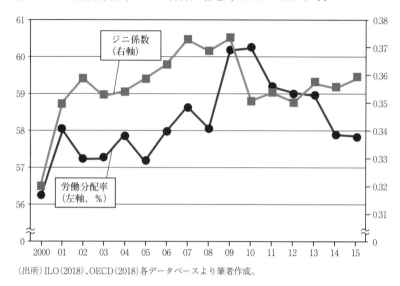

(出所) ILO(2018)、OECD(2018)各データベースより筆者作成。

2012 年以降の労働分配率の低下とジニ係数の上昇は特徴的である。

4.　移民と労働市場

　2004 年の中・東欧諸国 10 か国の加盟を前に EU15 諸国の国民には「ポーランドの配管工」という言葉が膾炙し、移民がより低賃金で単純労働を奪っていくことに対する警戒があらゆるメディアで説かれていた。実際、ポーランドをはじめとする国々から移民を乗せた大型バスが毎日英国をはじめとするコア諸国へと向かった。それから 10 年以上経過したが、やはり移民が低賃金での雇用に応じるため賃金上昇が阻害されていると考える英国民は少なくない。

　離脱をめぐる国民投票の前後（2016 年）ではなく最新のデータではあるが、ユーロバロメーター（Eurobarometer）が 2018 年 4 月に公表した「欧州連合における移民の統合」と題したレポート[17]は、移民に対する各国

---
17) Eurobarometer (2018)

国民の意識及び各国間の意識格差を知る上で重要な資料である。同レポートの一設問「あなたの知る限りでは、自国の人口に占める移民の割合は何パーセントか」という問いに対して、英国は実際の移民の割合の数値よりも平均 2.4 倍高い数値を回答した。EU28 か国平均（2.3 倍）よりも高い数値を回答した国のほとんどは 2004 年以降の加盟国であり、EU15 諸国の中で EU28 か国平均より高く回答したのは、イタリア、スペイン、英国の 3 か国のみであった。また、EU 平均が 2 倍を超え、かつ実際の割合と推定値を同等もしくは推定値をより低く回答したのは 2 か国だけであったことから、基本的に一般市民は移民人口を現実よりも大幅に多く意識することは明らかである。

　Brexit 国民投票の結果は、残留に票を投じた人々と離脱に票を投じた人々では、EU との関係で重視した項目の乖離が著しいことも示した。離脱票を投じた人々が最も重視したのは「移民問題」であり、英国への移民に対する懸念を抱く人々の 73％が離脱に投票した[18]。「移民問題」を経済的な意味で人々が意識する際には 2 つの観点がある。第一が、移民関連の予算すなわち移民に対する様々な財政支出であり、第二が労働市場における競争相手としての移民である。

　英国における移民数と国民投票時までの推移を確認する。英国全体及び各地方の人口における英国を出生国とする人口と英国以外を出身国とする人口を、2000 〜 2001 年及び 2015 〜 2016 年のデータで比較した**図表 5-11** が示す通り、英国全体ではこの期間に後者が 201％増加した。2000 〜 2001 年時点から最も非英国出身者率が 20％超と高かったロンドンでは、同率が 37.6％と上昇したものの増加率は 175.5％と全国で最低であった。逆に他の 200％を超える地域では移民のインパクトはより大きかったことが容易に推察できる。

　2015 年 7 月〜 2016 年 6 月期の英国の人口のうち英国以外を出生国とする者は 889 万 8 千人となったが、そのうち他の EU27 か国出身者は 42.8％であり、インド・パキスタンを含むアジア諸国の 29.0％を大きく上回って

---

18) The Independent (2017)

図表 5-11　英国出生者及び非英国出生者の人口(地域別)

(単位)千人

	Mar2000 - Feb2001		Jul2015 - Jun2016		英国以外の出生国者の増加率
	英国を出生国とする	英国以外を出生国とする（括弧内は割合）	英国を出生国とする	英国以外を出生国とする（括弧内は割合）	
英国全体	57,928	4,423 (7.1%)	55,562	8,898 (13.8%)	201.1%
England	48,398	4,140 (7.8%)	46,132	8,137 (14.9%)	196.5%
North East	2,489	62 (2.4%)	2,443	154 (5.9%)	248.3%
North West	6,651	303 (4.3%)	6,430	661 (9.3%)	218.1%
Yorkshire and The Humber	4,890	231 (4.5%)	4,839	496 (9.2%)	214.7%
East Midlands	4,108	209 (4.8%)	4,111	514 (11.1%)	245.9%
West Midlands	5,203	365 (6.5%)	4,981	717 (12.5%)	196.4%
East	5,310	335 (5.9%)	5,284	737 (12.2%)	220.0%
London	7,058	1,860 (20.8%)	5,410	3,265 (37.6%)	175.5%
South East	7,863	555 (6.5%)	7,704	1,134 (12.8%)	204.3%
South West	4,827	220 (4.3%)	4,931	460 (8.5%)	209.0%
Wales	2,869	76 (2.5%)	2,891	177 (5.7%)	232.8%
Scotland	4,999	156 (3.0%)	4,846	442 (8.3%)	283.3%
Northern Ireland	1,662	51 (2.9%)	1,694	142 (6.7%)	278.4%

(出所) Office for National Statistics（2018a）より筆者作成。

おり、自由移動を保障する EU の原則に要因を求める離脱派の主張に説得力を与えた。

　一方で、この事実だけでは非英国出身者の労働市場や賃金への影響を測ることは適切ではない。労働市場との関連で重要なのは、上記の英国への移民に占める生産年齢人口（16〜64歳）の割合である[19]。

　英国内の生産年齢人口の移民数を表した**図表 5-12** を**図表 5-11** と比較しつつ読み解くと、最大の特徴は、イングランドの全ての地域において、英国以外を出生国とする移民全体（全年代の合計）が英国人口全体（同じく全年代の合計）に占める割合（以下 X）よりも、英国以外を出生国とする生産年齢人口が英国の生産年齢人口に占める割合（以下 Y）の方が高いという点である。最も差（Y-X）が小さい北東部で 1.6、最も高いロンドンで 8.4、イングランド全体では 5 の差があった。よって当然の結果とも言えるが、英国への移民は何らかの労働に従事しその対価を稼ぐことを目的

---

[19] 国民保健サービス（NHS）を始めとする社会保障費との関連では、流入移民の全人口や老齢人口はより重要な要素となる。

図表 5-12 英国内の生産年齢人口の移民数

(単位)千人

July2016 - June2017	全体	英国を出生国とする	英国以外を出生国とする(括弧内は全体に対する%)	英国以外のEU諸国を出生国とする	EU域外の国を出生国とする			
					全体	ヨーロッパ	アジア	その他世界
英国全体	41,081	33,498	7,569 (18.4%)	2,905	4,663	301	2,397	1,965
England	34,598	27,686	6,900 (19.9%)	2,565	4,334	279	2,222	1,833
North East	1,648	1,523	125 (7.5%)	45	80	6	42	32
North West	4,481	3,930	550 (12.2%)	200	349	15	210	124
Yorkshire and The Humber	3,376	2,951	424 (12.5%)	177	248	11	156	80
East Midlands	2,917	2,464	452 (15.4%)	200	252	10	140	102
West Midlands	3,568	2,958	609 (17.0%)	216	393	14	260	119
East	3,746	3,132	615 (16.4%)	277	337	20	168	149
London	6,020	3,243	2,772 (46.0%)	880	1,891	159	877	855
South East	5,536	4,599	934 (16.8%)	373	561	29	266	266
South West	3,307	2,886	420 (12.7%)	196	224	16	102	105
Wales	1,901	1,742	157 (8.2%)	72	86	6	50	29
Scotland	3,412	3,016	396 (11.5%)	189	206	13	102	91
Northern Ireland	1,170	1,054	116 (9.9%)	79	37	2	23	11

(出所) Office for National Statistics (2018b) より筆者作成。

とする就労者もしくはその予備軍であることは明らかであり、労働市場への影響は小さくない。老齢の移民の場合は、就労を目的として入国し一定期間就労した後に引退したもの、もしくは年少人口と同様に生産年齢の移民に伴われた、もしくは呼び寄せられたケースと考えられる[20]。

上述 3.(2) で示したパートタイム雇用の急増と移民はどのような関係にあるのか。ゼロ時間労働に従事する英国民と英国民以外のそれぞれの全就労者数に対する割合を示したのが**図表 5-13**である。ここでの「国籍」は調査時点での国籍が英国か英国以外かを示し、「出生国」は出生国が英国か英国以外かを示す。

2015 年第 4 四半期と 2016 年第 2 四半期では、ゼロ時間労働者の割合はほとんどのケースで増加している。英国民の就労者数全体におけるゼロ時

---

20) 本データは留学を目的に入国・滞在する学生は含んでいない。

図表 5-13　ゼロ時間契約者の割合：国籍と出生国（英国と英国以外）による

	英国：就労者数における ゼロ時間契約者数の割合(%)		英国以外：就労者数における ゼロ時間契約者数の割合(%)	
	2015年第4四半期	2016年第2四半期	2015年第1四半期	2016年第3四半期
国　籍	2.5	2.8	3.4	3.3
出生国	2.5	2.8	3.0	3.2

（出所）Office for National Statistics（2018b）より筆者作成。

間契約者数の割合の方が、英国民以外の就労者数全体におけるゼロ時間契約者数の割合よりも増加率が高い点は、英国民（帰化済み含む）の労働条件の悪化の一表出と捉えることもできる[21]。しかし、ここで重要なのはやはり、英国以外の国籍を持つ、もしくは英国以外を出生国とする（帰化済みの移民を含む）就労者の方がゼロ時間契約の割合が高い点である。2016年第3四半期では、英国籍ではない労働者の3.3%がゼロ時間契約で就労している。これを実際の就労者数に換算する。英国籍以外の就労者数（16歳以上）は、2015年第1四半期は311万人、2016年第3四半期は350万1千人であった[22]。311万人の3.4%は10万5,740人、350万1千人の3.3%は11万5,533人であり、1万人弱、割合にして9%以上増加している。

また、2016年1月時点の職種別に労働者の国籍を見てみると、非英国籍の労働者の割合が最も高いのは「初級の職業（Elementary Occupations）」で20%であった[23]ことからも、低所得者層・非熟練労働者層ほど移民との競争に晒されていることが裏付けられる。

5.　所得税制の変化

トマ・ピケティによるベストセラー『21世紀の資本』では、所得格差拡大の主要要因として所得税制の変化をあげた。新自由主義に基づいた富裕層優遇税制の下、先進国における所得格差は100年で最大に拡大した。図表5-14は、1900年から2013年までの米英独仏4か国の最高所得税率

21）但し、取得可能なデータが限定されるため同期間の比較ではない点は留意願いたい。
22）千人未満切捨。Office for National Statistics (2018b)。
23）Office for National Statistics(2018b), p.13.

図表 5-14　米英独仏の最高所得税率の推移

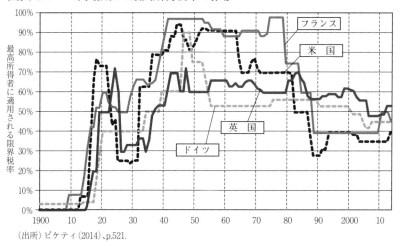

(出所) ピケティ (2014)、p.521.

の推移である。80年代後半からの20年以上にわたり、英国は独仏英のEU3か国の中で最も最高所得税率の低い国であった。2007年のパリバ・ショック、2008年のリーマン・ショックと金融危機が深刻化し、GDP成長率は2008年には− 0.473％とマイナスの数値となったが、最高所得税率は40％に維持された。2009年のGDP成長率は− 4.188％とさらなる落ちこみを見た上で、2010年に最高所得税率は50％に改定された[24]。

しかし、最高所得税率の適用所得レベルを確認すると、異なる側面を指摘できる。図表5-15は高所得税率が適用される所得レベルの変化を示している。2000年には最高所得税率（=「高所得税率（Higher rate）」）が適用されるのは年間課税所得28,400ポンド超であったが、2009年には37,400ポンド超まで引き上げられ、9年間で9,000ポンドと30％以上の引き上げ率であった。その後、2010年に「高所得税率」枠の上に「Additional rate」枠が設けられ、これが最高所得税率となり年間課税所得15万ポンド超の層に対する税率は上記の通り50％に引き上げられたが、キャメロン保守党政権下の2013年には45％に軽減されている。2010年を挟んで高

---

24) GDP成長率は共にIMF統計より引用。

図表 5-15　所得税率と対象課税所得幅

	2002-03		2003-04		2004-05	
	課税所得 £	税率%	課税所得 £	税率%	課税所得 £	税率%
低所得税率	1-1,920	10	1-1,960	10	1-2,020	10
標準税率	1,921-29,900	22	1,961-30,500	22	2,021-31,400	22
高所得税率	29,901-	40	30,500-	40	31,400-	40

	2005-06		2006-07		2007-08	
	課税所得 £	税率%	課税所得 £	税率%	課税所得 £	税率%
低所得税率	1-2,090	10	1-2,150	10	1-2,230	10
標準税率	2,091-32,400	22	2,151-33,300	22	2,231-34,600	22
高所得税率	32,400-	40	33,300-	40	34,600-	40

	2008-09		2009-10		2010-11	
	課税所得 £	税率%	課税所得 £	税率%	課税所得 £	税率%
低所得税率	1-34,800	20	1-37,400	20	1-37,400	20
標準税率	34,800-	40	37,400-	40	37,400-150,000	40
高所得税率	-	-	-	-	150,000-	50

	2011-12		2012-13		2013-14	
	課税所得 £	税率%	課税所得 £	税率%	課税所得 £	税率%
低所得税率	1-35,000	20	1-34,370	20	1-32,010	20
標準税率	35,000-150,000	40	37,370-150,000	40	32,010-150,000	40
高所得税率	150,000-	50	150,000-	50	150,000-	45

	2014-15		2015-16		2016-17	
	課税所得 £	税率%	課税所得 £	税率%	課税所得 £	税率%
低所得税率	1-31,865	20	1-31,785	20	1-32,010	20
標準税率	31,865-150,000	40	31,785-150,000	40	32,010-150,000	40
高所得税率	150,000-	45	150,000-	45	150,000-	45

(出所) GOV. UK (2018b) より筆者一部修正。

所得税率の対象であったものの「Additional rate」の対象で下位層に対する所得税率は40%で変化していない。

一方で、2008年に低所得税率（Lower rate）が廃止され、2008年まで同率である10%が適用されていた年間課税所得34,800ポンド以下の層に対して一律で20%が適用されることになったことは大きな変化である。付加価値税率が同時期に一時的に引き下げられていたことは認識しておく必要があるが、その引き下げ率は2.5%であり、所得税率の上昇、さらに

は消費者物価指数の上昇などを吸収するには全く不十分であった[25]。また、付加価値税は累進課税ではなく逆進税であるため、食料品などの生活必需品に対する軽減税率は導入されているものの、低所得者ほど税負担率は高くなるため、低所得税率を適用されていた層ほど廃止後の生活への影響は大きく、実質よりも生活水準の悪化を感じたと推察できる。

6. おわりに

　本節では、2000年からBrexit国民投票の実施された2016年前後までのデータを基に、離脱を支持した票の背景を、労働市場における賃金水準及び雇用形態の変化、移民との関係、所得税制変更の影響などから分析した。新自由主義的政策のグローバルな拡大の下、英国の富裕層は低い所得税率の恩恵を享受する一方、低所得者層は低賃金・低学歴・負担増というサイクルから抜け出せずにきた。移民政策はEUの決定権限が強く、すでにEUから大量の移民の純流入を受けてきた英国にとって、これ以上の移民受け入れをEUの判断に任せることに対して大きな反発があったことは事実であるが、ゼロ時間契約の導入や税制改革などは国内政策である。その結果として生じた所得水準の低下などに関しEUに責を問うのは正しい認識とは言い難い。経済的要因のみでBrexitを説明することは適切ではなく他の様々な側面から総合的に説明するべきである一方、適切な労働機会の確保と賃金の上昇がなされていれば離脱支持票はより少数となった可能性は否定できない。

（2018年7月31日脱稿）

---

25) 2007年に誕生したブラウン労働党政権は2008年に2009年12月末までの時限措置として付加価値税の標準税率を15%に引き下げ、2010年には17.5%に戻した。その後、2011年始に20%に引き上げた。

＜参考文献＞

- 太田瑞希子（2018）「Brexit の背景としての英国労働市場の変化と国内政策の影響──英国国内の分断と格差」国際関係紀要（亜細亜大学）28 巻 1 号、43-71 頁。
- トマ・ピケティ著／山形浩生・守岡桜・森本正史訳（2014）、『21 世紀の資本』（みすず書房）。
- Eurobarometer (2018), "Integration of Immigrants in the European Union", April 2018.
- Financial Times (2016), "This chart shows the less well educated voted to leave in the highest numbers in the EU vote http://on.ft.com/28T15bk", [Twitter Post]. Retrieved from https://twitter.com/ft/status/746224372432527360, June 23, 2016.
- Goodwin, M. and Heath, O. (2016), "Brexit vote explained: poverty, low skills and lack of opportunities", Joseph Rowntree Foundation, August 31, 2016.
- GOV.UK (2018a), "National Minimum wage and National Living Wage rates" (https://www.gov.uk/national-minimum-wage-rates), access on May 3, 2018.
- GOV.UK (2018b), "Income Tax rates and allowances for current and past years" (https://www.gov.uk/government/publications/rates-and-allowances-income-tax/ income-tax-rates-and-allowances-current-and-past), access on May 15, 2018.
- ILO (2018), ILOSTAT-ILO Database of Labour Statistics, access on May 5, 2018
- Lord Ashcroft Poll's (2016), "How the United Kingdom voted on Thursday…and why", June 24, 2016.
- OECD (2018), Income Inequality Database, access on May 3, 2018.
- Office for National Statistics (2018a), Census Database, access on May 25, 2018.
- Office for National Statistics(2018b), Labour Force Survey Database, access on May 26 2018.
- Office for National Statistics (2017a), Labour Force Survey: Zero-hours

contracts data tables, May 11, 2017.
- Office for National Statistics (2017b), Annual Survey of Hours and Earnings in the UK: provisional 2017 and 2016 revised results, October 26, 2017.
- Office for National Statistics (2015), Annual Survey of Hours and Earnings: 2015 provisional Results, November 18, 2015.
- Pennycook, M. et al, (2013), "A Matter of Time, The rise of zero-hours contracts", Resolution Foundation, June 2013.
- Sky Data (2016), "% who got through our final #EUref poll turnout filter by age group" [Twitter Post]. Retrieved from https://twitter.com/skydata/status/746700869656256512, June 25, 2016.
- The Economist (2016), "Britain votes to leave the EU", June 24, 2016.
- The Indendent (2017), "Brexit: People voted to leave EU because they feared immigration, major survey finds", June28, 2017.
- United Kingdom Statutory Instruments 1998 No.1833, The Working Time Regulation 1998. (http://www.legislation.gov.uk/uksi/1998/1833/contents/made)

第2部
Brexit後の英国・EU関係とEUの未来

第2部　Brexit 後の英国・EU 関係と EU の未来

第6章　EU が掲げる脱退協定案

一橋大学大学院法学研究科教授　中西 優美子

1. はじめに——脱退条項（EU 条約50条）

　2009 年 12 月に発効したリスボン条約により脱退規定が EU 条約 50 条に初めて規定された。EU 条約 50 条 1 項は、「いかなる構成国も、その憲法上の要件に従い連合からの脱退を決定することができる」と規定している。それゆえ、すべての構成国は脱退する権利をもっている。但し、英国は、簡単に自分の思うように脱退できるのではなく、この EU 条約 50 条に基づく脱退手続を踏まなければならない。

　EU 条約 50 条 2 項は、「脱退を決定した構成国は、その意思を欧州首脳理事会に通知する。連合は、欧州首脳理事会が定める指針に照らして、その国と交渉を行い、その国と連合との将来的な関係の枠組みを考慮しつつ、その国の脱退に関する取決めを定める協定を締結する。この協定は、欧州連合運営条約 218 条 3 項に従って交渉される。この協定は欧州議会の同意を得た後、理事会により特定多数決によって締結される。」と規定する。これは、5 つに分けられる。①脱退を決定した構成国による欧州首脳理事会への通知、②欧州首脳理事会による指針、③脱退交渉、④脱退協定の締結、及び、⑤将来の枠組協定の交渉・締結である。

　英国は、2017 年 3 月 29 日に欧州首脳理事会に脱退の意思を通知した。その後、2017 年 4 月 29 日に欧州首脳理事会は、交渉指針を公表した。そこで、交渉の段階を 2 段階に分け、第 1 段階で脱退の取決め、その大枠合意に達した後、第 2 段階で将来の枠組み協定の交渉に入る方針がだされた。

また、EU 運営条約 218 条 3 項に従い、理事会は、欧州委員会に交渉のマンデートを与え、欧州委員会が脱退交渉にあたっている。2017 年 6 月に第 1 回目の交渉が開始された。交渉の第 1 段階では、3 つの点が議論された。①英国における EU 市民の地位と EU 構成国における英国市民の地位。EU 市民であれば、自由に英国に移動し、居住することができる。また、英国市民も EU 構成国に自由に移動し、居住することができた。これは、EU 市民が享受できる、基本的自由の 1 つである。脱退後は、英国に住む EU 市民がどのようになるのか、また、EU 構成国に住む英国市民がどのようになるのかをあらかじめ決めておく必要がある。英国は、5 年間継続的に居住している EU 市民であれば、永住権の取得が可能であるという方針を明らかにしている。ただ、現在、認められている地方選挙における選挙権や被選挙権は EU 構成国における英国市民には認められなくなる。②手切れ金といわれる分担金を含めた清算金。英国のメイ首相は支払う準備があるとするものの、額でなかなか合意できなかったが、結局英国は、EU の要求を呑むことを確約した。EU 予算は、単年度のものもあるが、複数年次計画もあり、将来の予算項目も負担することになっている。③アイルランドの国境問題。北アイルランドは英国に属し、アイルランドとの国境線はゆるやかなものとなっている。英国が離脱すれば、英国は域内市場ではなくなり、国境管理を厳格化する必要がでてくる。

　2017 年 12 月 8 日に、③のアイルランド問題については明確な決定はだされていないが、欧州委員会は欧州首脳理事会に第 1 段階の交渉において十分な進展が見られたとする勧告をだした[1]。それを受け、欧州首脳理事会は、12 月 15 日に十分な進展が見られたことを確認し、第 2 段階の交渉に移る指針を採択した。2018 年 1 月 29 日に理事会は過渡的期間（移行期間）に関する交渉指令（negotiating directive）を採択した。そこで、過渡的期間は 2020 年 12 月 31 日が予定された。

---

1 ）http://europa.eu/rapid/press-release_IP-17-5173_en.htm.

2. 脱退協定案

(1) 脱退協定案の位置づけ

　2018年2月28日に欧州委員会の脱退協定案が公表された。これをたたき台にして、議論が進められ、2018年3月19日付の脱退協定案がだされている[2]。後者の脱退協定案では、緑、黄、白に色が分けられている。緑は、技術的な問題だけで交渉レベルで合意されているもの、黄は草案の変更や明確化が必要なもの、白はまだ議論が続いているものである。

　脱退協定案は、上述した主要な交渉の論点を条文化したものである。①の英国におけるEU市民の地位とEU構成国における英国市民の地位については、後述するように、脱退協定案の第2部「市民の権利」において規定されている。②手切れ金といわれる分担金を含めた清算金は、脱退協定案の第5部「財政規定」に規定されている。他方、③のアイルランド問題については、脱退協定案の本文から切り離され、付属議定書「アイルランド及び北アイルランド」に規定されている。このことは、アイルランド問題の解決が困難であり、交渉の最後までなかなか決着がつかないことを想像させる。

　脱退協定案は、前文と168か条、さらに、アイルランド及び北アイルランドに関する議定書並びにキプロスに関する議定書が付けられている。脱退協定は、6つの部から構成される。第1部「共通規定」、第2部「市民の権利」、第3部「個別規定」、第4部「過渡的期間」、第5部「財政規定」及び第6部「機構及び最終規定」となっている。

(2) 脱退協定案の枠組み

① 第1部「共通規定」

　第1条「目的」では、この協定が英国のEU及びEURATOMからの脱退のための取決めを設定することが規定されている。第2条「定義」にお

---

2) https://ec.europa.eu/commission/sites/beta-political/files/draft_agreement_coloured.pdf.

いて、EU法が①EU条約、EU運営条約、加入条約及びEU基本権憲章（以下、EUの基本条約）、②EU法の一般原則、③EU機関に採択された行為、④EUが当事者である国際条約及びEUを代表して構成国により締結された条約、⑤EUの構成国としての立場での構成国間の条約、⑥欧州首脳理事会またはEU理事会の会合における構成国政府代表の行為、⑦EU基本条約を採択した政府間会議の文脈でなされた宣言を意味するとされている。第3条は「領域的範囲」と題され、英国及びその領域という場合、何を意味するかが規定されている。第4条は、「効果に関する方法及び原則、並びにこの協定の実施及び適用」と題されているが、まだ議論中となっている。第4a条「誠実」は、当事者は相互尊重及び誠実にこの協定からの義務を実施する際に協力しなければならないこと、条約を履行するための作為・不作為義務、並びに誠実協力の原則が定められている。また、第7条「ネットワーク、情報システム及びデータベースへのアクセス」では、英国は、EU法を基礎に設定されたネットワーク、情報システム及びすべてのデータベースへアクセスすることができなくなることを定めている。例えば、2018年5月25日より個人データ保護規則が施行されたが、英国はこのEUデータ保護制度からはずれ、単なる第三国となるため、第三国へのデータ移転の条件である「十分な保護」を満たさなければならない[3]。

② 第2部「市民の権利」

市民の権利は、第1段階の3つの交渉項目の1つであった。第2部は、4つの節に分かれている。第1節「一般規定」、第2節「権利及び義務」、第3節「社会保障制度の調整」及び第4節「その他の規定」である。第1節8条「定義」では、「家族」、「国境を越えて働きに行く労働者（frontier workers）」などが定義されている。第9条は「人的範囲」及び第10条「居住の継続」の定義、第11条「非差別」の原則が定められている。

第2節「権利及び義務」において、第1章「居住の権利、居住文書」、第2章「労働者及び自営業者の権利」、第3章「職業資格」が定められて

---

[3] European Commission, Directorate-General Justice and Consumers, 9 January 2018, Notice to Stakeholders, Withdrawal of the United Kingdom from the Union and EU Rules in the Field of Data Protection.

いる。これらの事項はすでに交渉者間で合意がなされている。第12条により EU 市民及び英国市民は、ホスト国において居住する権利を有する。第14条に基づき、5年間継続的にホスト国に居住すれば、永住権（right of permanent residence）を得る。第17条により、ホスト国は EU 市民または英国市民、それぞれの家族及び他の者に、新しい住民の地位を申請するように要請することができる。第21条は平等の取扱いを定めている。

　第2節の第2章「労働者及び自営業者」の第22条において、ホスト国の労働者及び同国または働いている国における国境労働者は、EU 運営条約45条により保障される権利を享受する。自営業者も同様である（第23条）。これにより、国境をまたいで毎日働きに行っている労働者の権利が保障されるようになっている。第3章「職業資格」について、過渡的期間が終了するまで職業資格の承認が効果を維持する(第25条)。逆に言えば、過渡的期間が終了後は、職業資格の承認がなくなることになる。例えば、英国で監査人の資格を承認されていた自然人は、第三国の監査人とされ、会計検査指令（Statutory Audit Directive）の定める監査人とはされない。英国で承認された監査団体は、第三国の監査団体とされ、当該指令の定める監査団体としてはみなされなくなる。従って、当該指令に基づき国内法により要請される監査を英国の監査人及び監査団体は行うことができなくなる[4]。

　第3節「社会保障制度の調整」においては、対象となる人が定義され（第28条）、その人には、EU 運営条約48条の、規則883/2004 及び規則987/2009 のルールと目的が適用されることになる。これにより、すでに英国にいる EU 市民及び EU 構成国にいる英国市民が服している社会保障制度は維持されることが保障されている。また、第4節「その他の規定」における第35条で、生涯保護（Life-long protection）が保障されている。

　③　第3部「個別規定」

　第3部「個別規定」においては、第1節「市場におかれた物品」、第2

---

4) Ex. European Commission, Directorate-General for Financial Stability, Financial Services and Capital Markets Union, 8 February 2018, Notice to Stakeholders, Withdrawal of the United Kingdom and EU Rules in the field of Statutory Audit.

節「継続中の関税手続」、第3節「継続中の付加価値税及び消費税」、第4節「知的財産」、第5節「継続中の刑事事項における警察及び司法協力」、第6節「継続中の民事・商事事項における司法協力」、第7節「過渡的期間終了前またはこの協定に基づき、加工されたまたは得られたデータ及び情報」、第8節「継続中の政府調達及び類似の手続」、第9節「EURATOMに関連する事項」、第10節「EUの司法及び行政手続」、第11節「行政協力手続」、第12節「特権及び免除」、第13節「EUの機関の機能に関する他の事項」となっている。

このなかからいくつか取り出してみる。

第4節「知的財産」の第50条においては、過渡的期間までに登録されたEU商標や意匠は、英国でも有効であることが保障されている。地理的表示については、議論が続いている。第5節の「継続中の刑事事項における警察及び司法協力」及び第6節「継続中の民事・商事事項における司法協力」、第7節「過渡的期間終了前またはこの協定に基づき、加工されたまたは得られたデータ及び情報」なども大部分が議論中となっている。さらに、第10節「EUの司法及び行政手続」は、全く合意がなされておらず、現在白色となっている。ここで、項目となっているのは、第82条「EU司法裁判所における係属中の事件」、第83条「司法裁判所における新規の事件」、第84条「手続ルール」、第85条「判決や命令の拘束力及び執行可能性」、第86条「訴訟参加権」等である。

④　第4部「過渡的期間」

過渡的期間については、緑のマークがついており、2020年12月31日までとなっている（第121条）。第122条によれば、過渡的期間中、原則的にEU法は英国で適用可能となっている。他方、同期間中に、欧州議会選挙、EU構成国における地方選挙、市民のイニシアティブなどに関する条文は、英国市民には適用されなくなる。同期間中EU法は適用されるが、英国は意思決定手続において投票権をもたない（第123条5項）。過渡的期間中、英国は、EUまたはEUを代表して構成国により締結された国際条約に拘束されるが、英国は作業には加わらない（第124条1項及び2項）。過渡的期間中、英国は意思決定に参加できないが、EU法の拘束を受ける

ことになる。

⑤　第5部「財政規定」

英国は 2019 年度及び 2020 年度の予算のために分担金を支払わなければならない（第 128 条）。その他、英国が EU に支払うべき清算金及びどのように支払われるべきかが細かく規定されている。EU の固有財産だけではなく、欧州投資銀行、欧州開発基金等、様々なものに責任を負っていることが定められている。

⑥　第6部「機構及び最終規定」

ここでは、第2部の第1節「適合解釈及び適用」に関して EU 司法裁判所に先決裁定を求めること（第 151 条）、第2部の実施及び適用の監視（第 152 条）、第3部及び第5部の一部の規定に関する EU 司法裁判所の管轄権（第 153 条）等が規定されている。第2節「機構に関する規定」では、共同委員会（Joint Committee）（第 157 条）、特別委員会（Specialised committee）（第 158 条）の設立が規定されている。英国と EU の共同機関である共同委員会は、EU と英国を拘束する決定を行う権限をもっている（第 159 条）。第3節「紛争解決」では、EU と英国の紛争が生じた場合にどのように解決されるか（第 162 条）、また、不遵守の場合どのようになるか（第 163 条）が規定されている。これらについては合意が得られておらず、議論が続いている。要は、EU 司法裁判所の管轄権をどこまで認めるかということで現在のところ折り合いがついていない。第4節「最終規定」において、脱退協定は、2019 年3月 30 日に発効すると定められている（第 168 条）。

⑦　付属議定書

付属議定書として、「アイルランド及び北アイルランド」に関するものと、短い「キプロス」[5] に関するものがある。アイルランドに関するものは、英国とアイルランドが共通旅行領域（common travel area）の取決めを引き続きすることしか合意されていない（2条）。

---

5) キプロスには、英国主権基地領域が存在しており、その領域における EU 法の適用の確保が定められている。

(3) 脱退協定案の今後

　脱退協定案が公表されたことで、脱退に先立ち何が脱退協定に規定されるのかが把握できる。ただ、市民の権利などほぼ合意されたところもあるが、個別規定においてはさらに議論が必要とされているところが残っている。また、EU 司法裁判所の裁判権をどこまで認めるか、アイルランドの問題など、残されている事項も多々あることが見受けられる。脱退協定案は、立案に長けている欧州委員会により作成されているが、実際に脱退協定が発効した後、文言の解釈や紛争の解決など、EU 司法裁判所の役割に依ることになるだろうと予測される。

　上述した脱退協定案は、英国と交渉するなかで作成された、あくまでも EU 側の案にすぎず、英国がこれを承認するかは別問題となる。ただ、英国側に脱退協定案を草案する力があるとは考えられず、結局はこの草案の条文につき、英国が個別の条文につき修正を要請する形になるであろう。脱退協定は、EU 側では、欧州議会の同意を経た後、理事会により特定多数決により決定されなければならない。英国側でも国内手続に従い議会の承認等を要する。もし脱退協定が合意されなければ、2019 年 3 月 30 日に英国に対し自動的に EU 法が適用されなくなる。このような事態は法の欠缺（規定がないこと）を生じさせ、EU にとっても英国にとっても多大な不利益を生じさせるため、双方がそれぞれの批准手続に要する期間を考慮したうえで、合意日程が目指されると考えられる。

　また、脱退協定案とは別に、欧州委員会の複数の事務局（Direct-General）から随時、利害関係者に対する通知（Notice to Stakeholders）が公表されている[6]。2018 年 6 月 6 日時点において、66 項目について公表されている。

（2018 年 6 月 6 日脱稿）

---

[6] Brexit praparedness, Notices from departments of the European Commission on the legal and practical implications of the withdrawal; https://ec.europa.eu/info/brexit/brexit-preparedness_en (last accessed 6 June 2018).

第2部　Brexit 後の英国・EU 関係と EU の未来

第7章　Brexit 後の英国と EU の関係

慶應義塾大学総合政策学部教授　渡邊 頼純

1. 考え得る枠組み協定

　2016 年 6 月の国民投票直後には Brexit 後の英国と EU との通商関係について以下の選択肢が考えられた。つまり、①EU・ノルウェー FTA（EEA）形式、②EU・スイス FTA（EFTA）形式、③EU・トルコ関税同盟形式、④EU・カナダ FTA（CETA）形式、そして①から④までの形式が合意できない場合の⑤ WTO の最恵国待遇（MFN）の 5 つのパターンである（図表 7-1）。

　しかしながら、これまでのメイ首相の 3 回に及ぶいわゆる Brexit 演説並びに 2018 年 3 月の英国・EU 合意に照らすと、EU・カナダ FTA（CETA）が Brexit 後の英国・EU 通商協定のモデルに一番近似すると考えられている。

　一般的に EU が第三国（例えば Brexit 後の英国）とモノの貿易やサービス・投資の自由化などに関する国際的約束（例えば EU・英国間の通商協定）を締結する場合、EU においては「共通通商政策」に関する EU 運営条約第 207 条及び条約締結手続を規定する同第 218 条が法的基礎となる。2018 年 3 月の EU 首脳会議で欧州理事会はすでに通商協定交渉に関するトゥスク欧州理事会常任議長案を採択しており、これに基づいて欧州理事会は欧州委員会に対し交渉マンデートを付与し、欧州委員会は英国との交渉に着手する。

　EU が関連する通商協定の締結には、通常欧州議会の「同意」を得た後

図表 7-1　EU 離脱後の英国と EU との法的枠組みの可能性

	モノ goods	サービス services	金融 finance	人 people	EU法の効果 acquis	EU予算への 拠出	意思決定への 参加
EU加盟中 （現状）	○	○	○	○	あり	あり	あり
英国の 期待・目標	○	○	○	制限	制限	×	一定の 参加
EEA ノルウェー型	○	○	○	○	あり	あり	×
EFTA スイス型	○	限定的	×	○	あり	あり	×
関税同盟 トルコ型	○	×	×	×	あり （モノのみ）	×	×
FTA カナダ型	○	部分的	×	×	×	×	×
WTO 恩恵国待遇	特恵待遇なし （GATTのみ）	特恵待遇なし （GATTのみ）	特恵待遇なし （GATTのみ）	特恵待遇なし （GATTのみ）	×	×	×

に欧州理事会での「決定」が必要となるが、かかる「決定」には、特定多数決、またはサービス・投資の分野などでは全会一致が必要とされる。

　近年の通商協定は貿易や投資を超える分野を含む広範な合意分野をその内容とするものが多い。そこで交渉項目によってはEUと加盟国との権限関係に影響することがある。EUにおいては加盟国との権限関係について、①共通通商政策や金融政策などEUのみが専管的に権限を有する「排他的権限の分野」、②EUと加盟国の両者が権限を共有する分野、③加盟国が権限を有するが、EUが調整・支援などを行うことができる分野の3タイプがある。

　従って、英国とEUとの通商協定の内容が共通通商政策のような「排他的権限の分野」に留まる限り、EUの権限で当該協定を締結することができ、前述のような締結手続が適用される。しかし、通商協定の内容が共有権限の分野にも及ぶ場合には、当該協定はEUと加盟国の双方において締結される「混合協定」という扱いになり、当該協定が発効するためには加盟国議会による承認手続も欧州議会のそれと併せて必要になってくる。

　EUの排他的権限に属する事項と加盟国が権限を有する事項の峻別については、現行基本条約の解釈上厳しい論争が展開されてきた。シンガポールやカナダとのFTAの締結に当たりそれぞれ問題となった。EU司法裁判所（ECJ）は2017年5月16日、EU・シンガポールFTAのうち、ポー

トフォーリオ投資と投資家対国家の紛争解決の2分野については、EUと加盟国が権限を共有しており、同FTAの正式な発効のためにはEUだけではなく、加盟各国の承認も必要だ、とする意見書を発表した。つまり、ECJはこのFTAを「混合協定」と認定したわけだ。

このECJの判断に従うと、EUが排他的権限を有する分野については欧州議会の「同意」が得られた時点で暫定的に当該分野については適用を開始できるが、上記2分野についてはEUの全加盟国の議会（及び国会と同等の権限を有する地域議会）の批准による発効が必要となってくる。これにより協定の発効手続が複雑化し、時間もより長くかかることになる。

実際にEU韓国FTAの場合、欧州議会の同意が得られて暫定発効した後、EU加盟各国議会の批准手続を経て当該FTAが正式に発効したのは2016年でフルに5年の歳月を要した[1]。また、日EUEPAについても、投資紛争の解決メカニズムについてはEPAから切り離し、先ずは関税削減撤廃やルール分野の発効を優先させる方向で調整が進み、2018年夏の日EU首脳による署名、2019年3月までの発効を目指している[2]。

以上のような前例を勘案すると、英国・EU通商協定もいわゆる「CETAプラス」型のFTAをモデルにするとしても複雑な枠組み交渉とならざるを得ないのではないだろうか。以下、通商協定でカバーされる主要項目毎に検討する。

(1) **関税**：もっとも伝統的な分野であり、貿易交渉の象徴的項目で注目されることが多い。最大の問題は、1973年以来EC/EUの対外共通関税が適用されてきたために英国に独自の関税譲許表が存在しないことである。つまり、英国とEUがFTAに向けた関税撤廃交渉をしようとしても、そのベースとなる英国側の譲許表がないので、何に基づいて関税交渉をするのかが不明である。2018年3月2日の演説でメイ首相は製造業で

---

1) 外務省経済局『我が国の経済外交2017』、第2章第4節「英国のEU離脱による経済面の諸課題」45頁、脚注7及び脚注9を参照。
2) 『日本経済新聞』2018年3月1日、「日欧EPA、投資分野抜きで調整、関税・ルール発効優先」を参照。

従来の無関税待遇を受けられるようにして欲しいと述べたが、自動的に全ての製造業についてゼロ関税が可能かどうかは定かではない。たとえ製造業の分野でそれが可能であったにしても農産品についてはどうするのか？　チーズやバターなどの乳製品、牛肉・豚肉・鶏肉などの畜産品、ソーセージなどの畜産加工品について、競争力のある EU 産の農産品との競争を迫られる英国農業としては一定のセーフガード措置や場合によっては例外的な関税の維持を検討したい産品もあるだろう。英国側がセーフガードや関税の残置を望めば、当然のことながら EU 側も英国に対して同様の措置を求めてくるだろう。こうして関税交渉はネガティブ・リンケージのスパイラルにはまって行く。

　EU が関連する既存の FTA では概ね 98％の関税が撤廃されている。EU としてはこの水準を落としたくないだろう。関税撤廃の例外とする残りの 2％をどうするか、そこに双方のセンシティブ品目が例外扱いを求めて集まってくる。また、第三国との関係では、EU が WTO に譲許している畜産品などの関税割り当てを巡って米国やアルゼンチン、ウルグアイなど 8 か国がすでに問題提起している。EU と英国が関税割り当ての分担を一方的に決めようとしたのに反発して、輸出国側もその協議に参加させるべきと主張している。EU 側が関税割り当てをできるだけ英国に押し付けて、EU27 か国市場の負担を軽減させたいとする意図が透けて見えてくるからだ。

　このように簡単そうに見える関税交渉も決して一筋縄では行かないのである。

(2)　**原産地規則**：FTA の恩恵であるゼロ関税での輸出を可能にするかどうかの決め手が原産地規則である。そのため FTA 交渉では原産地規則が最も機微な交渉分野となる。原産地規則をより寛容なものにするか、あるいは非寛容なものにするかで当該 FTA の開放度や自由度が測られる。一般的には域内には寛容、域外には非寛容な原産地規則とすることが多い。EU は「汎ヨーロッパ原産ルール」を施行しており、累積の原則[3]を適用しているので、域内には寛容な原産地レジームであるといえ

る。他方、EU は Brexit 後の英国が第三国のサプライヤーのための輸出基地になることを警戒している。その場合、英国も EU から見れば第三国なので非寛容で厳格な原産地規則を適用してくる可能性がある。このような場合に最もネガティブな影響を受ける可能性が高いのが英国に進出している日本の製造業である。英国がどこまで寛容な原産地レジームを EU 側と交渉して実現するかに在英日系企業の命運がかかっているともいえよう。

(3) **税関と国境措置**：英国と EU との間で荷物が検査されることになると、特に英国における税関の人手や設備が不足していることが表面化するだろう。このため英国では税関整備のための財政的手当てが必要となるほか、港湾及びそのインフラストラクチャーの充実、ロジスティック・サービスへの民間投資などが急速に求められよう。また、EU はリスクマネジメントについてより低い基準を受け入れることはあり得ないので、英国はデジタル化やそのためのインフラストラクチャー整備などを急ぐ必要に迫られる。英国としては急激にこのような態勢を作り上げるのが困難なことから、2020 年 12 月末までの「移行期間」の延長を EU に求めざるを得なくなる可能性も予見される。

(4) **TBT（貿易に対する技術的障壁）および SPS（衛生検疫措置）**：市場アクセスと規制の独自性とのバランスをどうとるかが課題となる。TBT については、①規制のすり合わせで市場アクセスを確保するアプローチ、②適合性評価の相互承認のアプローチ、③規制の独自性を優先するアプローチ、の3つのアプローチがあり、「規制の統一化」よりも「管理された相違」を目指す。SPS については、食品加工業は英国においても EU においても巨大産業であり、英国においては 1,080 億ポンドの産業規模で 370 万人を雇用している。英国の輸出の7割が EU 市場である

---

3) 累積の制度は FTA や関税同盟の構成国の2か国以上での生産を重ね合わせることにより、原産地規則を満たすことをより容易にする制度である。梶田朗・安田啓（編著）『FTA ガイドブック 2014』（ジェトロ、2014 年）204-205 頁参照。

ことを勘案すると、EU の SPS ルールに従おうとするのが妥当と思われる。

(5) **サービス**：英国はサービス貿易では 140 億ユーロの対 EU 黒字を計上しており、強い比較優位を持つ分野といえる。これに対し、モノの貿易では 960 億ユーロの対 EU 赤字となっている。2020 年末の移行期間終了後は、英国に本拠地を置くサービス提供者には EU 市場への保証されたアクセスはないことになる。英国は「第三国」となり、「同等性」（equivalence）については EU が一方的に決定することになる。英国は金融サービスと専門サービスについて EU 市場への自由アクセスを求めてくると思われるが、EU 側のガードは相当固く、交渉は難航が予想される。バルニエ首席交渉官は既にシティに特別待遇を与えることを否定している[4]。

(6) **投資**：EU は基本的には投資についてはリベラルな立場であり、設立前の内国民待遇を認めている。英国も海外直接投資（FDI）を一層誘致する必要があり、リベラルな立場を維持するであろう。現在 EU は、①投資保護基準の資格認定、②投資法廷制度（ISDS には反対の立場）、③対域内投資のスクリーニング強化等を進めており、英国に対しても同調することを求めるものと思われる。EU はまた投資誘致のための税制上の優遇措置などが補助金に当たらないかといった点についてはセンシティブであり、これも交渉を通じてルール化を求めてくる可能性がある。

(7) **政府調達**：英国も他の EU 加盟国同様 WTO の政府調達協定の署名国であり、調達体のリストを有しており、これをベースに EU と調達体のカバレッジ、調達額の均等性、役務調達のさらなる拡大などを交渉することになるのではないかと推測される。

---

4) FINANCIAL TIMES, Friday 27 April 2018, page 1, "Barnier dismisses UK hopes of special market access for London after Brexit"、及び FINANCIAL TIMES, Thursday 1 February 2017, page 3, "EU rejects Brexit trade pact for financial services"

この他にも知的財産権、競争政策、環境政策、労働基準など通商に関連する分野で交渉が行われると考えられるが、EU に排他的な権限があると思われる分野を優先的に挙げるとすると以上のような項目になるのではないだろうか。メイ首相が 2018 年 3 月 2 日の演説で高らかに謳い上げた「EU との世界一緊密な FTA」とはどのような内容になるのか、いまだその全貌は明らかではない。すでに開始されている英・EU 間の予備交渉と 2019 年 3 月 29 日の Brexit 後に本格的に始まる通商協定交渉の行方から目を離せない。

【追補 1】
　2018 年 6 月 7 日、英国政府は、北アイルランド国境問題に関する「バックストップ案」が採用された場合の英 EU 間の「一時的関税アレンジメント（temporary customs arrangement）」に関するテクニカル・ノートを発表した。英国としては、一方で「ベルファスト（聖金曜日）合意」を順守して、北アイルランドとアイルランド共和国との間に「ハードな国境」を作らず、国境管理のための物理的なインフラも設置しないことを守りつつ、他方では英国としての国内市場の一体性とその中での北アイルランドの地位を確保するという両立しがたい難題を抱えている。このような難題に対する英国の対応策として打ち出されたのが今回の「一時的関税アレンジメント」である。

　詳細については稿を改めたいが、以下要点の一部のみを紹介する。

1. 以下の「一時的関税アレンジメント」を EU と議論する。
   - 全ての英 EU 間貿易において、関税、割当枠、原産地規則、申告を含む通関手続を撤廃する。
   - 英国は、一時的関税アレンジメントが機能するために必要な場合を除き、共通通商政策の対象外となる。英国国境（external border）においては、一時的関税アレンジメントが機能するために必要な欧州連合関税法典（Union Customs Code）及びその他の共通通商政策とともに、EU の共通対外関税が適用される。

・英国は、域外国との間で自由貿易協定（FTA）の交渉、署名、批准を行い、暫定的関税アレンジメントの機能に影響しない限りにおいて、その要素を実施することができる。
2. 一時的関税アレンジメントは、恒久的な最終解決策によって置き換えられる。また、この一時的関税アレンジメントは、最終的な関税アレンジメントの実施に遅れが出る等、特定の限られた場合にのみ適用するものである。実施期間に引き続いて発効する、時限的な措置とする。
3. いずれにせよ、この措置は英国としてより好んだ選択肢ではない。

【追補2】
英国政府「離脱白書」の概要と EU の反応

　2018年7月12日、英国のメイ政権は、THE FUTURE RELATIONSHIP BETWEEN THE UNITED KINGDOM AND THE EUROPEAN UNION と銘打った98頁から成る文書を発表した。これは EU 離脱後の英国と EU との関係に関する包括的な文書であるが、通称「離脱白書」と呼ばれている。本書では便宜上この「離脱白書」という呼称を踏襲し、以下ではその概要と EU 側の反応を検討する。

(1) 「離脱白書」とメイ首相の思惑

　この「離脱白書」（以下「白書」と表記）にはテリーザ・メイ首相と、同白書発表の直前に辞任したデービッド・デービス EU 離脱担当大臣の後任となるドミニク・ラーヴ大臣の「前書き」（Foreword）が付いている。それは英国市民に対するメッセージとなっているが、その冒頭で2016年6月23日の国民投票を受けて英国が EU の単一市場と関税同盟を去り、人の移動の自由と EU 司法裁判所の管轄権に終止符を打つことになることを明確にしている。

　その上でメイ首相は、英国が EU 離脱を契機としてより強固な英国経済、より躍動的で技術革新的な経済を築き上げていくためには英国と EU の双

方のプラグマティズムと妥協が必要となる旨強調している。

メイ首相は交渉開始当初には英国側とEU側で原理原則の対立があり緊張が生じていたことを率直に認めつつ、今回の白書は英国とEU双方の原理原則を尊重する内容になっているとしている。そして今回の英国の提案は包括的かつ野心的であり、権利と義務の均衡を達成する内容になっていると主張し、英国が欧州から去ることなく、EUを離脱することを確保するものであるとしている。

「前書き」ではとりわけ以下の点を強調している。

① モノの市場について、英国にとってもEUにとっても「摩擦なき市場アクセス」を保証すること、
② 北アイルランドとアイルランド共和国との関係については、英国の憲法上の、そして経済上の不可分性（integrity）を毀損することなく、EUの自律性（autonomy）を尊重するという共有されたコミットメントを確保すること、
③ 人の移動の自由に終止符を打ち、英国の国境管理を取り戻すこと、
④ 英国として独立した貿易政策を確保し、新たな友好国ならびに古くからの同盟国との貿易取決めを締結すること、
⑤ 英国とEUの市民の安全を維持するために共有されてきた安全保障の能力を維持すること、
⑥ EU予算への毎年の巨大な拠出を止めて、NHSなど国内の優先項目に国費を振り向けて行くこと、
⑦ 共通農業漁業政策から退出して、英国の農業や漁業共同体のニーズに寄り添うこと、
⑧ 消費者保護、被雇用者の権利、環境の保護などについて従来からの高い水準を維持すること、
⑨ 科学分野や、欧州地域内外の人々の生活を改善しつつ国際開発の分野で協力を継続すること。

最後に、この白書に盛り込まれた諸提案は国民投票の結果を充足するものであり、英国の国益と英国・EUの相互利益に資する「原則に則った、かつ現実的なBrexit」を可能にするものであると結論付けている。

(2) 「白書」の概要

(2)−1　経済パートナーシップ

英国はEUを離脱し、その結果として単一市場及び関税同盟から離脱する。

(2)−1−(1)　円滑化された通関取決め (Facilitated Customs Arrangement=FCA)

英国は、EUとの間で以下の要領でFCAに合意するよう提案する。

① 英国とEUを「結合された関税地域」であるかのように扱い、英国はEUを仕向地 (intended for) とする物品にはEUの関税及び通商政策を適用する。英国は英国を仕向地として消費される (intended for consumption in) 物品については英国の関税と通商政策を適用する。

② 具体的には、英国国境に達した物品のうち、信頼された貿易業者 (trusted trader) により最終仕向地 (destination) が確約できる物品については、それが英国であれば英国の、EUであればEUの関税を適用する。

③ 英国国境に達した物品のうち、輸入地 (point of import) を確約できない物品については、英国とEUのうち高い方の関税を適用する。後に確認された物品の最終仕向地に低い方の関税が適用される場合、英国政府からの差額の払い戻しの対象となる。これは主に中間財を想定している。

(2)−1−(2)　関税及び原産地規則

① 英EU自由貿易地域内では、FCAに追加する形で英EU間の貿易について関税、割当、恒常的な原産地規則を導入しない。

② 既存の及び将来の自由貿易協定 (FTA) の締結相手との間で累積 (cumulation) を容易にし、既存のグローバル・サプライ・チェーンを維持することを提案する。これにより、英国からFTA締結相手への輸出に適用される原産地規則では、EU産の部分 (content) を含め

て原産地とみなし、英国、EU 及び FTA 締結国との間で対角累積（diagonal cumulation）をする。

(2)-1-(3)　工業製品
① 共通ルールブック（a common rulebook）の導入により、英国規格協会（BSI）は単一規格モデル（the single standard model）を維持することにより英 EU 間の規格の同一性を確保し、英国は欧州の各標準化団体での継続した活動を可能とする。
② 適合性評価及び自動車の型式認証を含む物品検査の要件（requirements）を一致させる。商標（lavels）及び標識（marks）についても規制を一致させる。
③ 適合性評価機関の認定にあたっては、英 EU 間で試験（testing）及び試験者（testers）に関する認定枠組みに合意する。
④ 優良試験所基準（GLP）及び優良製造所基準（GMP）等の製造及び品質の保証手続については、製造工程が尊重されることを確保する。
⑤ 消費者、患者及び環境にとって高いリスクのある分野では追加的な規制が適用されている。今後も単一のメカニズムが適用されることを確保するため、英国は関連の EU 機関（agency）への参加を追求する。
　(i) 欧州航空安全庁（EASA）については、スイスと同様ＥＡＳＡ基本規則第 66 条に基づく第三国メンバーとなる。
　(ii) 欧州化学品庁（ECHA）については、英国企業による化学物質を直接登録できるよう確保する。
　(iii) 欧州医薬品庁（EMA）については、人及び動物用医薬品の既存の市場流通経路を確保するため、英国の立法者は技術的な作業を行い、医薬品評価の「指導機関（leading authority）」として機能させる。

(2)-1-(4)　農業、食品及び水産品
　農業、食品及び水産品に関する規則には、以下の３つが含まれる。
① 衛生植物検疫（SPS）措置等の人、動物、植物の安全に関する国境措

置

国境措置については、北アイルランドとアイルランドとの間の国境に検問所（border inspection post）等の物理的なインフラを設置することは避ける。

② 農産品及び食品の表示（described and labeled）等の広義の食品政策

英国はTRIPS協定に整合的な独自の地理的表示（GI）スキームを立ち上げる。このスキームはTRIPS協定の保護水準を超えるものであり、既存の英国の地理的表示の保護は英国内で継続する。このスキームでは英国及び英国外の申請者による新たな申請が施行日から認められている。

③ 共通農業政策及び共通漁業政策と国内生産に関する措置

共通農業政策及び共通漁業政策から離脱し、英国は独自の政策を策定する。既存のEUと第三国との同等性認証以上の取決めを設ける。

(2)－1－(5) サービス及び投資

サービスとデジタルについては、規制に柔軟性を持たせるための新たな取決めを追求する。英国とEUが現在と同水準の市場アクセスを相互に得ることはない。英国の提案は国際貿易の原則と既存のEUの貿易取決めの先例に基づくものであるが、独自のものであり、以下の点を含む。

① 一般規定

設立、投資及び越境サービスにおける差別的な又は無差別的な障壁を最小化し、事前に認められた規制のみが容認される。具体的には、以下のようになる。

(i) サービス分野及びモードの適用範囲は広く、GATS（サービス貿易一般協定）に整合的なものとする。

(ii) 深堀された（deep）市場アクセスについて約束する。

(iii) 内国民待遇に深くコミットする。

② 専門資格の相互承認制度

専門家による英国とEUの越境サービス提供を可能とする。これはEUの既存のFTAで導入されたことがない。

③ 専門及びビジネス・サービス
　追加的な、相互に利益をもたらす取決めの導入。
④ 金融サービス
　(i) 英国はEUの単一市場から離脱するため、もはや「EUパスポート体制」を維持することはできない。
　(ii) 金融サービスにおいて、新しい経済・規制の協定をEUに提案する。これは英国・EU間でクロスボーダーに提供されている国際金融サービスの利益を維持しつつ、規制・監督における協力、金融システムの安定、金融市場の整合性、消費者保護を保持するものである。
　(iii) この新しい協定は英国EU間の市場アクセスに関して自治の原則に基づいており、透明性、安定性、競争の促進を確保するため二国間の枠組みを用いる。これは規制における互いの自治を尊重しつつ、それぞれが合意されたプロセスに沿って意思決定されることを確保するものとなる。
　(iv) 新しい協定には金融ビジネスと高次の経済統合を反映した幅広いクロスボーダー活動が含まれる必要がある。また、二国間協定を通じて、①経済連携や規制の親和性、二国間あるいは多国間の協力といった共通の目的を達成するための共通原理、②拡大した監督の協力と規制における対話、③予測可能で透明かつ頑強なプロセス、といった規定が含まれるべきである。

(2)-1-(6) 人の移動に関する枠組み
① 2020年12月末まで個人は現在と同様の条件で移動、居住、就労が可能である。
② 将来的には英政府及び議会が国内的な移民規則を決定する。英国がEUを離脱するにあたり、移動の自由は終了する。
③ 将来の人の移動に関する制度は移動の自由の終了と矛盾せず、英国の国境管理と純移民数削減の政府目標を尊重したものとなる。
④ サービス提供のための人の移動（いわゆる「第4モード」）については、現行のGATSの約束に基づき、EUとの間で相互的な移動制度（mobility

arrangement) を追求する。将来英国は他の密接な貿易パートナー国に対しても人の移動の自由を提案しうる。アイルランド人の移動は，共通渡航地域（Common Travel Area）取決めにより、特別なステイタスを英国内法によって享受できる。

⑤　ビジネス及びサービスについては、短期商用目的の渡航につき、EUとの間で相互的な査証免除を追求する。また、企業内転勤については、EUとの間で相互的な規定を追求する。また、科学者、研究者、自営業者、サービス業従事者、投資家に関する一時滞在の仕組みを検討する。

⑥　旅行については、EUとの間で相互的な無査証旅行制度を提案する。また、英国市民及びEU市民が旅行中に医療ケアを受けるために、欧州健康保険カード（European Health Insurance Card: EHIC）が引き続き使用できることを希望する。

⑦　エラスムス・プラスのような文化交流を含め、若者や学生に対し、世界的な大学の恩恵を受けられる機会を引き続き提供すべきである。また、「英EUユース・モビリティー・スキーム」を提案する。

⑧　EUとの間で英国市民がEUに旅行する際の円滑な国境通過のための相互的な制度に合意することを希望する。また、旅行・入国・居住許可の取得に係る手続的負担を最小化することを希望する。措置の合理化は、ジブラルタル－スペイン間で特に重要である。

⑨　社会保障に関する協調のうちいくつかの要素に関する将来の規則について、相互的な制度を追求する。

(2)－1－(7)　デジタル分野・放送
①　英国はEUデジタル単一市場の一部ではなくなるが、野心的なデジタル貿易政策をEUと共に形成することができるよう以下の取決めを提案する。(a)デジタル貿易及び電子商取引、(b)通信及びデジタルインフラ、(c)デジタル技術、(b)放送を網羅する取決めを行うことを提案する。
②　具体的には、データの越境流通の確保や通信競争政策の協調性、AIなど新興分野の規制協調等が課題となる。
③　放送について、英国制作の映像サービスも"European works"とみ

なす。

(2)-1-(8) 公正で開かれた競争
① 共通のルールブックにおいて、国家補助（state aid）について約束する。
② 独占の禁止、合併の審査等厳しい英国の競争法を維持し、EUの規制当局と共に協力する。
③ 高いレベルの環境規制を約束する。
④ 気候変動に関する高い基準を維持する。
⑤ 高いレベルの労働者保護及び社会政策を約束する。
⑥ 高いレベルの消費者保護を約束する。

(2)-1-(9) 社会経済協力
① 航空
英国は航空運送協定（Air Transport Agreement）による相互主義に基づく自由化を追求する。EUカナダ航空サービス協定のように、所有（ownership）及び管理（control）についても完全に自由なアクセスについて規定した先例も存在する。EASAへの参加を追求する。
② 道路交通
陸運業者、旅客業者、個人の陸上移動について相互アクセスを追求する。英国はすでに北アイルランドとアイルランドとの間の交通協力についてEUと合意している。
③ 電気及びガス
北アイルランドとアイルランドとの間の単一電気市場（Single Electricity Market）を継続する。
④ 民生用原子力
（i） 英国はEURATOMと密接な関係を追求する。新たな関係は、他の既存のEURATOMと第三国間の協定よりも包括的で幅広いものとし、英国が引き続き先導的かつ責任ある民生原子力国であることを確保する。

(ii) EURATOMと英国の間の包括的な原子力協力協定に基づくものであることを提案する。新たな関係は以下の事項を含める。
　　a　英国の原子力保障措置規制を行う原子力規制機関（ONR）とEURATOMの間の協力メカニズムの構築、
　　b　EURATOM研究訓練プログラムとの連携、
　　c　核物質の供給に関する契約に関し、現行の契約を離脱後も有効とするか、離脱前のシームレスな改定を可能とすることによって継続性を確保、
　　d　EURATOM・コミュニティとの機微な核物質及び原子力資機材の貿易や移転に関し、障壁を最小化し輸出管理を簡素化、
　　e　欧州緊急放射線情報交換システム（ECURIE）や欧州放射線データ交換プラットフォーム（EURDEP）のようなEUシステムへの英国の参加を通じ放射性事象に関する通知や情報共有を継続、
　　f　欧州医療用アイソトープ供給監視所（European Obsevatory on the Supply of Medical Radioisotopes）との協力及び情報交換の継続。
⑤　民事司法協力
　英国はルガノ条約への参加を追求するとともにEUとの新たな二国間取決めを追求する。
⑥　知的財産
　英国は欧州統一特許裁判所協定を批准しており、EU離脱後も残留を希望する。

(2)−1−⑽　独立した貿易政策
①　EUとの新たな経済パートナーシップに関する英国の提案は、物品、サービス、投資、データ、政府調達、知的財産権を含むもので、英国の優先順位と国益に則って新たな貿易協定を交渉することを可能にする。
②　英国は、EU離脱により米国、豪州、ニュージーランドとの協定を含む野心的な二国間貿易アジェンダを追求できるようになる。また、英国はEUとの将来関係及び国内的優先事項に整合的である限り、

CPTPP(環太平洋パートナーシップ)への加入を求める可能性がある。
③　サービスについて、英国は国際的なベスト・プラクティスの最先端の規定を追求する。英国は、グローバル・サービス、金融サービス、投資、調達市場における一層の自由化を推進し、野心的なデジタル貿易のパッケージを追求する。
④　物品については、FCA によって EU から独立した英国独自の関税を設定することができる。
⑤　物品に関する「共通のルールブック」により貿易協定交渉において対象分野にかかる規則を変える権限が制約される。英政府が希望する場合、第4章に定めるメカニズムを通じて EU と変更を協議することができる。しかし、他の分野については、国内的に望ましいとみなされる場合、規制を変更する自由を維持する。また、英国は適合性評価の相互承認等を通じて規則を裏打ちする遵法行為（underpinning compliance activities）について、第三国との間で新たな協定を結ぶ自由も保持する。これによりパートナー国の検査機関が英国市場向け製品を検査することが可能になり、またその逆も可能になる。これは英国マークの導入によって実現される。
⑥　英国は独自の資格で WTO の政府調達協定（GPA）の署名国となり、「サービス貿易協定」（TiSA）の推進のために他国と協力し、デジタル分野のように国際経済にとって重要な分野での新たな協定を追求することで、多国間及び複数国間の貿易アジェンダにおいて完全かつ顕著な役割を果たす。WTO においては投票のために自国独自の席を持つことになる。
⑦　独立した貿易政策を実施するため、英国は独立した貿易救済枠組みを立ち上げ、その準備のために既存の EU の措置のうち英国経済にとって継続が必要なものを特定する作業を行う。WTO の紛争解決メカニズムについて、英国は相手国が義務を遵守しない場合に独立して国益を守るとともに、英国に対して紛争が提起された場合には英国の利益を擁護する用意がある。
⑧　英国は貿易を通じて途上国の貧困削減を援助する。EU 離脱後も英国

は後発開発途上国（LDC）の英国市場への現在のアクセスを維持する。また、その他の途上国に対する特恵も維持することを目指す。

(2)-2　安全保障上のパートナーシップ
(2)-2-(1)　共通の安全保障環境
　2016年のEU Global Strategy及び2018年の英国の国家安全保障能力見直し（NSCR）にも提示されているように、英国とEUは同じ脅威評価を共有している。

(2)-2-(2)　法執行及び刑事司法協力
① 英国とEUは国境を越える犯罪者やテロリストに関する問題に対応するため、法的、実務的及び技術的な能力を向上させてきた。英EU間の関係が変容したことを認識しつつ、双方が将来にわたりかかる能力を維持することが不可欠である。
② このため英国は、この分野における既存の枠を超えるような、EUとの意欲的なパートナーシップを提案する。これらは以下のものを含む。
　(ⅰ) 迅速かつ安全なデータ交換のためのメカニズム（航空機の旅客情報に関する協力、警察及び国境管理当局への通報に関する協力、犯罪歴に関する情報の共有に関する協力、DNA・指紋・車両登録情報に関する協力）
　(ⅱ) 国境を越えた運用面の協力を支えるための実際的な方策（指名手配犯の引渡しに関する協力、司法・警察・税関当局間の協力、国境を越える犯罪捜査及び訴追に関する協力）
　(ⅲ) EUの法執行及び刑事司法機関に対する英国の継続した協力（重大組織犯罪及びテロリズムの予防に関する協力、重大刑事事件についての捜査及び訴追に関する協力）

(2)-2-(3)　外交政策、防衛及び開発
① EUとのパートナーシップに関する英国の提案は以下の分野を含む。
　(i) 英国とEUが直面する地理的・テーマ別事項及び国際的な課題に関する協議及び定期的な対話
　(ii) 既存及び新規の制裁の実施について、議論・調整するためのメカニズム
　(iii) 危機管理オペレーションに関する協力を可能にする取決め
　(iv) 欧州の能力開発・計画に対する協調的かつ包括的な支援に対するコミットメント
　(v) 開発援助・対外プログラムについて、グローバルな開発課題に向けた協働へのコミットメント
　(vi) EUの戦略的宇宙関連プロジェクトに対する継続的な協力
　(vii) 情報の共有を促進する情報保護協定

(2)-2-(4)　より広い安全保障上の課題
　欧州の安全保障にとって重要であり、将来のセキュリティ・パートナーシップの一部として取り組まれるべきであるより広い安全保障上の課題は数多くあり、以下の事項が含まれる。
　① 亡命者及び不法移民
　② サイバー・セキュリティ
　③ 対テロ及び暴力的な過激主義への対応
　④ 市民の保護（緊急援助）
　⑤ ヘルス・セキュリティ（欧州疫病予防管理センター等との協力継続）

(2)-3　横断的分野及びその他の協力
(2)-3-(1)　データ保護
　英EU間の将来の取決めはプライバシー保護に配慮した英EU間の個人データの移転の継続性を含めるとともに、各国のデータ保護機関間の協力の継続を可能とする内容とする。

(2)−3−(2)　**機密情報**

英EUは機密情報に関する情報保護協定（Security of Information Agreement: SoIA）に関する協議を開始した。制裁等の安全保障パートナーシップのいくつかの主要分野については、SoIAの枠外で機微ではあるが機密ではない情報を英EU間で交換することも必要と考える。

(2)−3−(3)　**協力に関する協定**

科学研究、国際開発援助、防衛能力構築等の分野の協力継続のために協力に関する新たな協定を結ぶ。

① 科学及びイノベーション
 (i) 英国は、(a)英国のEU科学助成プログラムへの参画を実現し、(b)英国及びEUが相互に利益を受ける分野におけるネットワーク、インフラ、政策及び関係機関の協力を継続することを可能とし、(c)規制当局、科学者及び専門家の日常的な対話を可能とするための科学及びイノベーション協定を含むEUとの将来関係を提案する。
 (ii) 英国は、「Horizon Europe」、「Euratom Research and Training Programme」、「Joint European Torus (JET)」及び「ITER」事業を含むEUの研究・イノベーションプログラムに参加することを希望する。
 (iii) 英国は、英国及びEU双方の企業、研究者、市民及び患者の利益につながる「（欧州における稀少疾患の臨床研究データの共有に資する）European Reference Network」及び「（構造生物学の先端技術をユーザーに提供することで生物医学のイノベーションを促進する）European Research Infrastructure Consortia」などの枠組みへの参加を模索する。

② 文化・教育
英国は、(a)英国がEUのプログラムに参加し、英EUの機関が相互のプロジェクトのパートナー、提携者、アドバイザーとなることを可能にし、(b)EUの文化グループやネットワークへの英国の継続的な参加を調整し、(c)違法に移動された文化財の返還を支援し、(d) 大規模イベントのための物の移動を可能にする新たな文化・教育に関する英EU協定を提

案する。
③　国際開発支援

将来パートナーシップは国際開発支援及び国際行動に関する協定を含むものとし、英国はEUの開発プログラム及びインストルメント並びに対外支出プログラムに参加する。英国の参加に際しては、英国の負担する援助予算に対して適切なレベルの影響力と監督権を行使することを求め、英国の援助機関はEUのプログラムの実施や英国が拠出するプログラムの資金供与を受けられるようにすべきである。

④　防衛研究及び能力開発

英国がEUの防衛プログラムの研究及び能力開発に参加できるような研究・能力開発協定を将来関係に含めることを提案する。この協定は英EUが欧州防衛機関（EDA）を通じて行っている協力を補完する。

⑤　宇宙

(i) (a)EUの宇宙戦略プロジェクトへの参画を実現し、(b)英国及びEUの宇宙分野における日常的な対話を可能とするための宇宙協定を含めEUとの将来関係を提案する。

(ii) 英国とEUはガリレオ及びコペルニクスを含むEUの宇宙事業の開発及び運用にあたり協力を継続すべきである。また、英国の関係者がオープンかつ公平にガリレオの安全保障関連の部品を含んだ全ての契約を完遂する資格があるということを保証すべきと考える。

(2)-3-(4)　漁業

①　EU離脱後、英国は国連海洋法条約の独立した沿岸国となり、実施期間後には領海及び排他的経済水域内で漁業アクセスを管理する。

②　英国、EU及び沿岸国は毎年の交渉で当事国の船舶の漁獲機会及び権利について合意することとなる。

(2)-4　制度的アレンジメント

(2)-4-(1)　制度的枠組みの包括性

一貫し、かつ調和のとれたものであることを確保するために、英EU間

の将来関係は包括的な制度的枠組みを中心として構築されなければならない。将来関係はそれぞれ経済、安全保障及び分野横断的な協力事項という異なる事項を含む複数の合意により構成される可能性が高い。

(2)－4－(2) 新しい協議形式

① 管理機関（Governing Body）による方針の決定

将来関係のための戦略的方針を決定し、最も高いレベルで意思決定を行うために新しい管理機関を設立する。これは政治的な組織として、首脳及び閣僚が以下の事項を取り扱う場となる。

（ⅰ）将来関係についての方針の決定

（ⅱ）将来関係の変更が必要か否か、また必要な場合にはどのように、いつ必要かについての議論及び決定

（ⅲ）透明性及びアカウンタビリティの確保

② 合同委員会（Joint Committee）を通じた技術的な議論

将来関係の関連部分が実効的に機能することを確保することを目的として、英国及びEUの実務者が詳細な議論のために合同委員会、または適切な場合には準委員会（sub-committees）に集まる。合同委員会は以下の事項を取り扱う。

（ⅰ）管理機関で合意された事項に基づき、将来関係の推進を司る。

（ⅱ）将来関係の実施を管理・監督する。

（ⅲ）将来関係に関する紛争を解決する。

（ⅳ）将来関係に関する追加的な事務機能を果たす。

③ 議会間協議

英国議会と欧州議会の間に定期的かつ正式な協議形式が設立されるべきである。

④ 立法案に関する協議

英国が共通のルールブックにコミットする分野について、EUにおける規則の変更に際し、英国の専門家はEUがすでに第三国間との間に有している合意にならいつつ、EU加盟国と同じ基準でEUから意見を求められるべきである。

⑵-4-⑶　行政規定

　英EU間の将来関係におけるコミットメントに由来する規則及び立法に関する変更を処理するために、次のような明確なプロセスが必要である。
① 　英国及びEUは将来関係における特定のコミットメントに関するものである場合は全ての提案・採択された立法案について合同委員会を通じて互いに通知する。
② 　合同委員会は当該規則の変更が将来関係の範囲の中に含まれるか、関連する合意がこの変更を反映するために修正されるべきか、という点について判断する。
③ 　もし当該変更が将来関係の範囲の中に含まれると判断される場合、合同委員会において協議及び適用期間が設けられる。英国が共通の規則を維持することにコミットした分野では合同委員会が変更を合意に盛り込むかについて合意する必要がある。不均衡が生じた場合には金銭的保証のような均衡のとれた措置が提案されうる。合意がない場合に関連部分が停止されうる。（英国とEUが規則の同等性を認めた分野についても同様である。）
④ 　当該変更を反映するために合意が修正された場合は、国際法的に双方に対して拘束力を有する義務が課される。

⑵-4-⑷　紛争解決
① 　本制度的枠組みにより紛争は予防されるべきだが、かかる非公式な協議が特定の問題において解決につながらなかった場合は、合同委員会において正式に提起される。一定の事案においては独立した仲裁パネルへの付託が考えられる。英国が共通のルールブックを維持することを決定した分野においては、英国はEU司法裁判所のみがEU法の解釈についてEUを拘束することができるという点を認識しており、EU法の解釈を行うために双方の合意により合同委員会からまたは仲裁パネルからEU司法裁判所へ付託するという選択肢が存在するべきである。
② 　英EU間で一旦合意に至った事項であっても、一方が合意に違反した

場合にいかなる手段を取ることができるかに関して合意する必要がある。異なる種類の違反に対して課すことのできる措置は技術的なものとなるだろうが、金銭的制裁や特定の義務の一時的停止を含むこともできる。

(2)−4−(5)　アカウンタビリティ（説明責任）
　本セクションの制度に関する規定の中心的な目的はアカウンタビリティを確保することである。第一に、英国がEUとの間で締結する合意は英国内において効力を有するために国内法が必要となる。第二に、英EU間の継続した協力に関する事項については、英国の議会は全ての立法案について監督及び精査する役割を有する。

(2)−5　結論及び今後の展開
(2)−5−(1)
　英国政府は、このプロポーザルが権利と義務の新しいバランスを取るものとして、英EU双方にとって正しいものだと信じる。

(2)−5−(2)
　全体として、この白書において提案されているパッケージは経済に寄与し、コミュニティのニーズを満たし、連合王国を保全し、英国の民主主義を強化し、英国の世界進出を後押しするものである。

(2)−5−(3)
　EU基本条約第50条に基づく交渉を今秋に完結させるために、英国はEUと交渉を行っていく。これは脱退協定及び将来関係の枠組みを完結させることを意味する。

(2)−5−(4)
　脱退協定及び将来関係に関する枠組みについて、英国とEUが合意に至れば、英国議会の両院において議論が行われ、EUにおいては欧州議会が

離脱合意について同意を与える必要がある。英国とEUは、2019年3月29日に英国がEUを離脱するまで、双方の議会が承認するための十分な時間を用意するため、前述の二文書について、10月までに合意に至りたいという共通の意欲を有している。

(3) EU側の反応

メイ首相は「白書」発表に先立って"Chequers"と呼ばれるロンドン郊外にある首相公邸で閣議を開き、閣内の結束を図った。すでにいわゆる「ハードBrexiter」とされる対EU強硬派のデービッド・デービス前離脱担当大臣とボリス・ジョンソン前外相は閣外に去った直後であった。98頁に及ぶ白書はすでに見たように内容は多岐にわたり、技術的な詳細もある程度盛り込まれている。"Brexit means Brexit"と就任直後に言い放ったメイ首相が渾身の力を込めて準備した「Brexitのためのマニュアル」といった感がある。

今回の白書には「No-deal Brexit」を何としても回避したいとするメイ首相の意気込みが伝わってくる。"Soft Brexit"に舵を切ったメイ首相の思惑が成功するためにはEU側の白書に対する反応が注目されるところである。

これまでのところEU側の反応は厳しい。依然として英国は「Cherry Picking」（良いとこどり）をしようとしているとの見方が根強い。欧州委員会のミシェル・バルニエ首席代表は「サービスや人の移動について単一市場型のアクセスを排除しておいて、モノだけについて単一市場型の市場アクセスを要求することはできない」と手厳しい。また、英国によるEUの関税の代行徴収については、「EUが関税徴収を他国に委ねることはあり得ない」（Financial Times、2018年7月26日）ときっぱり切り捨てている。さらに金融サービスにおいてEU側と新しい枠組みを交渉したいとするメイ首相の提案に対し、「EUの金融市場へのアクセスはEUによっていつでも自由に取り消すことが可能なギフトであって、英国の主張はEUの意思決定の自律性を損なう」（Financial Times、2018年7月23日）と批判的だ。また、白書発表の直後にインタビューに答えて、ある匿名の

欧州委員会高官は、「EUにとって白書に対して"ノー"と言うかどうかが問題ではなく、それをいつ、どのような形で言うかが問題である」(Financial Times、2018年7月13日)と極めて否定的なコメントを行っている。

暗礁に乗り上げた感のあったアイルランド・北アイルランド国境問題について「ハードBrexiter」たちとの確執を承知の上でEU側に妥協した形のメイ首相であるが、EU側のハードルを下げるには至っていないようだ。

まずはモノの貿易でシームレスなFTAを形成したいメイ首相はFCAという革新的なアイデアを出してきたが、これをEU側があっさり切り捨ててしまうのか、それともEU側からも何らかの妥協案を提示して、白書の提案を一部でも活用するのか、夏休み明けの今後の交渉の行方を見守るしかない。

（2018年8月22日脱稿）

第2部　Brexit 後の英国・EU 関係と EU の未来

第8章　Brexit 後の英国金融機関と EU の関係

亜細亜大学国際関係学部専任講師　**太田　瑞希子**

1.　はじめに――EU 金融市場と EEA

　英国は EU 加盟国として巨大な単一市場への自由なアクセスを活用し、非ユーロ圏でありながらロンドン金融市場を EU 域内最大の金融市場へと成長させてきた。統一された金融サービス市場と単一パスポート制度の恩恵を享受し、ロンドン金融市場は外国為替取引や国際債券の発行、通貨スワップなどで圧倒的シェアを占めており、ユーロ建のデリバティブ取引やその関連の清算業務において独占的地位を獲得している。2018 年 3 月の欧州理事会（EU 首脳会議）が 2020 年末までの移行期間の設定を暫定的に承認したことにより、同期間の終了までは関税同盟と単一市場へのアクセスの現状維持が保証された[1]。しかし、今後の EU と英国の離脱交渉の結果として締結される協定で、英国を本拠地とする金融機関による EU 金融サービス市場へのアクセス権がどのように確保されるかは欧州の金融情勢に大きな影響を与えるだけでなく、世界の資本移動の流れに少なからぬ影響を与えうる。

　EU と EFTA は 1994 年に欧州経済領域（European Economic Area、EEA）協定を締結し、EFTA 諸国もアキ・コミュノテール（aquis communautaire）[2]の適用対象となった[3]。EEA 形成の翌年には、EFTA

※　本稿は、太田（2018）の一部をベースに本プロジェクトの趣旨に沿うべく加筆・修正したものである。
1）但し、移行期間が撤回される場合もある。

諸国のうち以前から加盟を申請していたオーストリア、スウェーデン、フィンランドの3か国がEUに加盟した。スイスはEEAに不参加であるため、現在ではノルウェー、アイスランド、リヒテンシュタインの3か国がEFTAとしてEEAに加入している。

　EEA加盟国はEU単一市場の構成国であり、EUに未加盟であるものの生産の4要素、すなわち人（労働力）・モノ（財）・カネ（資本）・サービスの自由移動が認められている。また、参加するEUの様々な枠組みやプログラムの全てが適用される[4]。このように、EEAは実質的にEU法にほぼ準拠しており、EEAには原則としてEU法が適用される。この点はBrexit後のEUと英国の関係を考える上で示唆的である。特に英国を本拠地とする金融機関にとっては、脱退協定でのEU単一パスポート（Single Passport）制度の利用可否が重要である。単一パスポートの適用対象外となった場合には、既存及び将来の金融規制に関する同等性評価との関係がポイントとなってくる。

　以下本節では、今後のEU金融サービス市場と英国の金融サービス業の関係性を理解する上で重要な要素である単一パスポート制度及び同等性評価を確認した上で、EU域外の個別国との既存二国間協定の事例を参考にパターン別に考察するとともに、EUの対Brexit政策をロンドン金融市場との関係から考察する。

2.　単一パスポート制度

　1977年12月の第1次銀行指令[5]は、各国の銀行監督当局に対して銀行認可の免許制度の統一を義務付け、各国当局は国内法を整備してこれに対応した[6]。免許の取消しに関する手続なども規定した同法は、銀行分野での「最低限の調和（minimum harmonisation）」の第一歩であった。第1

2）EU法体系の総称。
3）一部、例外規定が設けられている。
4）詳細については European Free Trade Agreement (1994)、第81条を参照。
5）First Council Directive 77/780/EEC of 12 December 1977.

次銀行指令を一部修正・発展させる形で、1989年に第2次銀行指令[7]が施行された。これにより「相互承認（mutual recognition）」原則をベースとする本国監督主義（母国監督主義）と単一パスポート制度が規定された[8]。以下はその条文である。

第13条（監督責任：本国監督主義）
1. 信用機関が営む業務に関する第18条に基づく監督を含め、信用機関[9]の節度ある運営の監督は、受入国の当局に責任を与えている本指令の諸規定を妨げることなく、本国の監督当局の責任とする。
2. 本国の監督当局は、各信用機関が、健全な管理・会計手続及び内部統制メカニズムを有していることを要求する。

第18条（単一免許）
1. 加盟国は、本指令に基づいて他の加盟国の監督当局により免許を与えられかつその監督を受けるいかなる信用機関も、その業務が免許の範囲に含まれているのであれば、（中略）支店の設立またはサービスの提供により、付属書に掲げる業務を、自国の領域において営むことができる、という規定を設ける。

この2つの指令の対象は銀行に限定されていた。同等の規定整備の必要性を指摘する流れから、非銀行サービス業者、すなわち投資会社（Investment Firm）にも同等の規定を整備したのが、1993年に採択された投資サービス指令[10]である。投資サービス業者の定義、単一パスポート・

---

6) EU法の1区分である指令（Directive）は、一次法である基本条約を根拠に制定される二次法の1つ。加盟国の国内法に優先し加盟国の政府や企業及び個人に直接適用される規則（Regulation）とは異なり、政策目標と実施期限を定めることで各加盟国に期限内に政策目標達成のための国内立法等を義務付ける。加盟国レベルで均質的な当局や制度を整備する場合に用いられるものであり、企業及び個人への直接適用はない。
7) Second Council Directive (1989).
8) Ibid., 邦訳は日本証券経済研究所（1994）を引用。
9) Ibid., 第1条は「信用機関（credit institution）」とは、公衆より預金あるいは他の返済すべき資金を受け入れ、自己勘定により信用供与を行うことを業務とする企業と定義する。

健全性の観点からの本国監督主義、域外国機関の域内への支店の設置、サービス提供の手続、営業可能な証券業務の規定を定めた同指令の採択・発効により、保険業における同等の規定を定めた損害保険第1次～第3次指令及び生命保険第1次～3次指令などを合わせて、EUの金融サービス市場における本国監督主義と単一パスポート制度は完成した。

　この本国監督主義と単一パスポート制度はEEA諸国に適用される。いずれかのEU加盟国を本拠地とする金融機関は、追加の営業認可を得ることなしにEEA諸国での支店を開設しサービスを展開することが可能である。同様に、EU加盟国でなくともEEA国を本拠地とする金融機関であればEU全域での営業を認められる。第2次銀行指令は、子会社の設立またはサービスの提供を相互に認める条項[11]も含む一方、子会社は単一パスポート制度の対象ではない。子会社は親会社と分離したバランスシートを持つ法的には別個の会社であるため、本国ではなく受入国の監督当局の対象となり、受入国の規制の適切な実施や納税の義務が生じるため、単一パスポート制度が適用される支店と比して金融機関の負担は大きい。

3.　同等性評価

　同等性評価は、EU域外の第三国が金融サービスを域内で提供するために取得が義務付けられるものである。同等性評価が得られないサービスは原則としてEU域内での提供が認められない。英国所在の金融機関に対する単一パスポートの維持がEUとの交渉で承認されない場合、各金融機関はこの自行が展開する業務に関連する規制に関し同等性評価を取得する必要が生じる。

　第三国にとっての同等性評価の主なメリットを欧州委員会は、①コンプライアンスの重複の削減もしくは完全なる消去、②EUの規制目的に沿っ

---

10) Council Directive 93/22/EEC.
11) Second Council Directive (1989)、第18条2項。「加盟国はまた、信用機関の単独の子会社であっても、複数の信用機関が共同で所有する子会社であっても、(中略) 支店の設立またはサービスの提供により付属書に掲げる業務を、自国の領域において営むことができる、という規定を設ける。」

た第三国の会社のサービス、製品及び活動、③EUの金融機関が第三国の監督レジームに晒される負担の削減、としている[12]。金融サービスにおける同等性評価の技術的アセスメントは、欧州委員会の金融安定・金融サービス・資本市場同盟総局によって実施されるが、ESFSの分野別のミクロ・プルーデンス監督を担う欧州銀行監督局（European Banking Authorities: EBA）、欧州証券市場監督局（European Securities and Markets Authority、ESMA）及び欧州保険・年金監督局（European Insurance and Occupational Pensions Authority、EIOPA）にアドバイスを求める場合が多い。アセスメント結果は、場合によっては欧州議会や閣僚理事会による反対を受ける場合もある。

　同等性評価の開始から終了までにどの程度の時間がかかるかは案件ごとに異なるため明確な指標を示すことは不可能であるが、例えば欧州市場インフラ規則に関するスイスの同等性評価のケースではESMAから承認に前向きな技術アドバイスが提出されてから欧州委員会が肯定的評価を決定するまで2年以上を要した。また同等性評価が得られた後にESFSのミクロ・プルーデンス各局から個別の金融機関や投資会社が承認されるのにも時間を要する。

　2016年後半から2017年初冬にかけて、欧州委員会が同等性評価の厳格化を計画しているとの報道が相次いだ[13]。欧州委員会の内部資料によればEU当局による立ち入り検査の導入など、より厳格な評価決定を検討しているとの内容であった。これは第三国当局による監視への信頼の上に成立する現在の同等性評価の在り方を大きく変えるものである。EUからの離脱後にシティの地盤沈下を回避するために英国が金融規制を緩和するとの予測も飛び交う中で、第三国が同等性評価をより安易なEU金融サービス市場へのアクセス確保手段とすることを回避するためのEUの方策といえよう。

　永続性を持つ単一パスポートに対して、同等性評価は欧州委員会によって承認が撤回される可能性が法的に残されている点が弱点として挙げられ

---

12) European Commission (2017).
13) 例えば、Brunsden and Fortado (2017).

る。また、EUが新たな金融サービス法案を採択した場合、その1つ1つに対する同等性評価が必要となる。2013年に施行されたオルタナティブ投資ファンド・マネージャー指令[14]（AIFMD）は、ヘッジファンドやプライベート・エクイティ・ファンドなどEU域内で設立される全てのオルタナティブ投資ファンド及びそのマネジャーを定義し、レバレッジのある場合は100万ユーロ、ない場合は500万ユーロを超える運用資産を持つファンドを全てEUの規制・監督下に置くためのものである。その背景には先の金融危機でヘッジファンドが流動性確保のために急激な資産処分を行ったことが危機の深刻化の一助となったとの反省がある。ポートフォリオマネジメントとリスクマネジメント管理機能としての会計サービス、顧客調査、バリュエーション、コンプライアンス、記録保存などの規定のほか、受託者（depositary）機能や責任の明確化、損害賠償責任や内部監査に至るまで、その内容は多岐にわたる。第三国を本拠とする金融機関にとってもこのAIMFDの影響は大きく、米国をはじめとする第三国は早期に同等性評価を申請したが、2017年2月までに日本やカナダをはじめとする5か国の同等性評価が承認された一方、7か国は無制限適用を獲得できなかった。

　2017年11月時点で各分野の主要法だけでも、銀行及びホールセール部門の自己資本規指令（CRD IV）、自己資本要求規則（CRR IV）、金融商品市場指令（MiFID）[15]、ノンバンク部門のAIFMD、譲渡可能証券の集団投資事業指令（UCITS）、証券決済分野の証券集中保管機関規則（CSDR）及びソルベンシーII指令、保険分野の保険仲介指令（ISD）[16]、決済及び電子マネーサービス部門の決済サービス指令（PSD）[17]、電子マネー指令（EMS）及び第2次電子マネー指令（2EMD）、モーゲージ部門のモーゲージ信用指令（MCD）に関して同等性評価が必要と想定されるだけではない。同等性評価は単一パスポートと異なり、上記AIMFDのケースのように

---

14) Directive 2011/61/EU.
15) 第2次金融商品市場指令は2018年1月3日に施行された。
16) 第2次保険仲介指令（ISD II）は2018年2月23日に施行される。
17) 第2次決済サービス指令（PSD II）は2018年1月13日に施行された。

図表 8-1　英国と EU の想定される関係

	単一市場				EU法の適用	EU財政への拠出
	関税撤廃	人の自由行動	金融サービス関連法適用	単一パスポート		
現状の英国	○	○	○	○	○	○
英国の要望	○	×(極めて限定的)	○	○	△(一部)	×
ノルウェー型(EEA加盟)	○(農水産品以外)	○	○	○	○	○
スイス型(分野毎に二国間合意を締結)	○	×	×	×	△(一部)	△(一部)
カナダ型(包括的二国間合意を締結)	○	△(ごく一部)	△(ごく一部)	×	△(一部)	×
トルコ型(関税同盟型)	○(財の関税同盟)	×	×	×	×	×
WTO型(協定なし)	×	×	×	×	△(対EU輸出)	×

（出所）European Commission, European Parliament, European Council 各種資料より筆者作成。

無条件適用が否定される可能性が低いとはいえず、またそもそも同等性評価の範囲が規則や指令の一部に留まるものが多い。決済サービス指令に至っては、同等性評価の枠組みすら設けられていない[18]。

よって、単一パスポート制度を維持できず同等性評価によって EU 域内でのサービス提供を継続することを英国が選択した場合、英国の金融規制・監督を司るイングランド銀行（Bank of England）及び英国内の関係当局、そして金融機関は多大な時間、労力、そしてコストを要求されることになることは確実である。

4.　離脱後の選択肢

EU 離脱後は①英国が EEA に戻る、つまり EFTA に残留することで単一パスポート制度が維持されるノルウェー型、② EFTA に残留せず単一パスポートを含む二者間合意が形成されない（スイス型・カナダ型）、③第三国として同等性評価を得る、という3パターンが考えられる（**図表 8-1**）。

18）同等性評価のさらに詳細な検討については神山（2017）。

いずれかのEU加盟国の監督当局により免許を与えられかつその監督を受ける金融機関がEU全域で支店の設立またはサービスの提供を認められる単一パスポート制度と本国監督主義はEEA諸国にも適用されている。①のノルウェー型の離脱シナリオの場合、単一市場に参加しているため、EUの財・サービス市場へのアクセスがEU加盟国と同様に保証される。単一パスポート制度も維持され、金融サービス業への影響を最も小さく抑えることが可能である。そのコストとして、EEA協定の第82条1項に基づき、EU予算への直接支払いではなく各プログラムや当局への支出及び経済レベルの劣った国への補助金という形でEUへ一定の拠出金を支払っている。また人の移動の自由も認めているため、人材確保の観点ではメリットがあるが中・東欧などからの移民流入を阻止することが不可能となる。Brexitをめぐる英国国民投票で、離脱派はEUへの拠出金を廃止することでその予算約3億5千万ポンドをNHS（National Health Service）予算へ転換できると喧伝したこと、そして国民投票で離脱票を投じた有権者が最も重視した移民の流入を制限することが不可能となるため、現政権がこのパターンを選択する可能性は非常に低い。

　②のスイス型は、分野毎に個別の協定をEUとの間で締結する方式である。スイスはEFTA加盟国だが、EEAには不参加であるためEU金融サービス関連法の適用がない。EEA加盟の賛否を問う国民投票では、金融業へのEU法適用に対する不安が否決につながったとされる[19]。結果、スイスは現在に至るまでEUとの間で合計120を超える二国間協定を締結している。個々の協定の協議から締結まで膨大な手間がかかる一方で単一パスポート制度を確保できないスイス型は、英国の金融サービスにとってのメリットはなく、人の自由移動を認めている点からみても英国がこの方式を選択する可能性はほぼない。

　③のカナダ型では、EUとの間で包括的経済貿易協定（CETA）を締結し、その範囲は99％以上の品目での関税撤廃から投資や知的財産権までと非常に広い。ノルウェー型のネックであるEU法の適用やEUへの拠出金の

---

19) 伊藤（2016）、p.61。

第 8 章 Brexit 後の英国金融機関と EU の関係

義務も負わないため、英国にとって最も望ましいとの見解が主流である。

　しかし、金融サービスにおいては、金融サービス規制に関する継続的対話のための金融サービス委員会の設置や、EU の規制がカナダ系金融機関に不利益を及ぼす際の拘束力を伴う仲裁措置などが含まれているものの、単一パスポート制度が含まれていない。つまり、カナダ型の場合、英国本拠の金融機関は EU 域内での子会社の設立が必要となるが、親会社と分離したバランスシートを持つ法的には別個の会社となるため、本国ではなく受入国の監督当局の対象となり、受入国の規制の適切な実施や納税の義務が生じる。単一パスポート制度が適用される支店と比して金融機関の負担は大きいため、英国の金融機関にとっては望ましいモデルとは言い難い。

　最後にトルコ型にも触れておこう。トルコは、EU との間で財の関税を撤廃している。但しサービスには適用されず単一パスポート制度も適用外であるため、やはり金融機関にとっては望ましくない。またトルコの場合は、EU の加盟候補国としての交渉であったため、離脱を前提とする英国のケースにそのまま適用されるとは考え難い。

　上記のように、金融サービスの提供には制限がかかり、かつ単一パスポート制度は利用できないものの、英国にとってはカナダ型をモデルにテーラーメードの包括的協定を締結するのが最も望ましい。但し、単一パスポートが維持されない場合は、金融サービス関連法案毎に同等性評価が必要となる。評価開始から終了まで数年を要する場合もあり、同等性評価が得られた後に個別の金融機関や投資会社が承認されるのにも時間を要する。同等性評価の範囲が規則や指令の一部に留まるものが多く、無条件でサービス提供が可能になるわけではない。カナダとの交渉は 2009 年の交渉開始から 2013 年の基本合意、2017 年の暫定発効まで 9 年を要し、合意文書は 1598 ページに上った。英国がこの方式を選択する場合、一刻も早い交渉開始が必須であるが、現在のところ交渉はほとんど進んでいない。また、EU27 か国側では単一市場のアクセスと移民の制限を同時に求めるという英国の立場は「良いとこどり」[20]との批判も強く、容易には認められない

---

20) 例えば 2016 年 6 月 28 日のドイツ・メルケル首相の発言。

だろう。

5. EU による第三国 CCP に対する監督強化

　EU との交渉をめぐって迷走するメイ保守党政権を横目に、EU 側は英国の離脱後に備えた準備を着々と進めている。それら政策の中でロンドン金融市場にとって大きなインパクトを与えそうなのが、第三国の中央清算機関（Central Counterparties、CCPs）に対する規制の強化である。CCP は日本の取引所に相当し、商品取引の清算業務を行う機関で、手形交換所とも呼ばれる。債券、エクイティ、デリバティブ、そして商品取引の中心を担うインフラで、2017 年 10 月時点で欧州市場インフラ規則（EMIR）[21] の第 88 条 1 項に基づき EU 域内でサービスを提供する CCPs は英国の LCH を含む 17 社[22]（図表 8-2 参照）、第三国所在の CCP は日本の東京金融取引所日本証券クリアリング機構を含む 32 社である[23]。ESMA の 2016 年 4 月のデータでは、ユーロ建デリバティブの約 75％が英国の CCP によって清算されている。これをさらにユーロ建金利デリバティブに絞ると、その 98％がシティの CCPs によって処理されている。

　EU の共通通貨であるユーロの関連取引を EU 域外の CCPs へ過度に依存すること、及び金融システム上極めて重要な CCPs に対する規制が EU 法の範囲外となることへの危機感は強く、2017 年 6 月に欧州委員会は第三国に所在する CCPs に対する規制を強化する条項を含む EMIR 改正法案を公表した。イングランド銀行（Bank of England）も EU での法案提出に先立つ 2 月 22 日、その先 12 か月間の金融監督政策の優先事項の 1 つとしてとして、より適切な CCP 監督を挙げていたが[24]、EU への牽制とはならなかった。

　改正案の本案である EMIR は 2012 年 8 月 16 日に発効した、標準的な

---

21) Regulation (EU) No 648/2012.
22) European Securities and Markets Authority (2017a).
23) European Securities and Markets Authority (2017b).
24) Bank of England (2017), p.21.

図表 8-2　EU 域内の CCP

No	CCP 名	設立国	監督当局	認可日
1	Nasdaq OMX Cleaning AB	スウェーデン	Finansinspektionen	2014/3/18
2	European Central Counterparty N.V.	オランダ	De Nederlandsche Bank (DNB)	2014/3/19
3	KDPW_CCP	ポーランド	KomisjaNadzoru Finansowego (KNF)	2014/3/20
4	Eurex Cleaning AG	ドイツ	Bundesanstaltfür Finanzdienstleistungs aufsicht (Bafin)	2014/3/21
5	Cassa di Compensazione e Garanzia S.p.A. (CCG)	イタリア	Banca d'Italia	2014/3/22
6	LCH SA	フランス	Autorité de Contrôle Prudentiel et de Résolution (ACPR)	2014/3/23
7	European Connodity Cleaning	ドイツ	Bundesanstaltfür Finanzdienstleistungs aufsicht (Bafin)	2014/3/24
8	LCH Ltd	英国	Bank of England	2014/3/25
9	Keler CCP	ハンガリー	Central Bank of Hungary (MNB)	2014/3/26
10	CNE Cleaning Europe Ltd	英国	Bank of England	2014/3/27
11	CCP Austria Abwicklungstelle für Börsengeschätte GmbH (CCP.A)	オーストリア	Austrian Financial Market Authority (FMA)	2014/3/28
12	LME Clear Ltd	英国	Bank of England	2014/3/29
13	BME Cleaning	スペイン	Comisión Nacional del Mercado de Valores (CNMV)	2014/3/30
14	OMIClear-C.C.,S.A.	ポルトガル	Cornissão do Mercado de Valores Mobiliários (CMVM)	2014/3/31
15	ICE Clear Netherlands B. V. 2	オランダ	De Nederlandsche Bank (DNB)	2014/4/1
16	Athens Exchange Cleaning House (Athex Clear)	ギリシャ	Hellenic Capital Market Commission	2014/4/2
17	ICE Clear Europe Limited (ICE Clear Europe)	英国	Bank of England	2014/4/3

（出所）ESMA（2017b）より筆者作成。

店頭（Over The Counter、OTC）デリバティブ契約に関わる清算のCCPs決済[25]などについて定めたものであり、明確に英国所在のCCPsをユーロ建取引清算の主流から外すことを狙うものである。この強化は英国の強い反発を招いているだけでなく、ヨーロッパの金融地勢学を転換させる意味合いを持つ。

また2017年11月の総務理事会においてEU機関のAgency[26]にあたりロンドンに本部を置く欧州銀行監督当局（European Banking Authority、EBA）のパリへの移転が決定した。従来よりパリに所在していた欧州証券市場監督局（European Securities and Markets Authority、ESMA）に加えてEBAが拠点を置くこととなり、欧州金融監督制度（European System of Financial Supervision、ESFS）の3当局のうち2つがパリに集中することとなったため、ロンドン金融市場からシェア獲得を狙うパリ金

---

25) 但し、諸般の事務的課題により実効は2015年になってからであった。
26) EU機関のうち欧州委員会や欧州議会、欧州中央銀行（ECB）など欧州連合条約の第13条を法的根拠とする「institution」に対し、他のEU法を設立根拠とし特定の任務に特化した当局が「agency」に分類される。

融市場への後押しとして働く見込みである。

6. 在英国金融機関の動き

　英国の金融団体であり国内最大のロビー団体でもある「TheCityUK」は、2017年1月12日に単一パスポート制度の維持を断念し、代替策として相互的な金融市場へのアクセスの確保、その実現のための「bespoke」な協定の締結、移行期間の設置、EUからの高度人材を受け入れる環境整備などの要望を17のポイントにまとめた英国政府への意見書を発表した。国民投票直後にはノルウェー型の離脱を求める声が強かった金融業界も、単一パスポート制度や金融サービス市場へのアクセスを含む単一市場への参加を求めるのであれば人の自由移動なしには実現不可能であるとのEU側の強い姿勢と停滞する離脱交渉を現実的な視点で捉えるようになったといえる。

　イングランド銀行も同1月7日、英国を拠点としてEUで営業を展開する英米の金融機関に対して、危機対応計画のとりまとめを提出するように要請した。このまま英国とEUが金融分野で合意に達しないまま離脱日を迎える可能性に備えた措置である。

　単一パスポート制度の喪失のみならず、離脱後も金融商品取引シェアを低下させないための手段としての同等性評価の限界やEU金融規制への適応必要性の認識、EUでの新たな営業認可取得にかかる時間的制約、第三国CCPへの監督強化などは、英国を本拠とする金融機関にEU27側に拠点を移転する、もしくは新たに設置する十分な動機付けであり、EUと英国の交渉の早期妥結への希望を放棄した金融機関は英国からの一部機能移転をすでに進めており、今後もこの流れを止める要素は見当たらない（図表8-3）。

　2018年1月、EU側の交渉責任者であるミシェル・バルニエ首席交渉官[27]はEU離脱後の英国が単一パスポートの恩恵を受けることはできな

---

27) 2010年～14年にかけて域内市場・サービス担当欧州委員を務めた。

図表8-3 ロンドンからEU27側へ拠点を移動または移動予定を発表した金融機関

ダブリン(アイルランド)	フランクフルト(ドイツ)	パリ(フランス)	アムステルダム(オランダ)
Bank of America	UBS	HSBC	Mizuho
RBS	UniCredit	Goldman Sachs	Mitsubisi
Barclays	Barclays		
Morgan Stanley	Citibank		
Mizuho	Daiwa Securities		
Citibank	Goldman Sachs		
Lloyds	Morgan Stanley		
Bank of China	JP Morgan		
Daiwa Securities			
JP Morgan			
Standard Chartered			

(出所) 各種報道より筆者作成。
(注) 2017年12月時点。

い旨を明確に述べた[28]。さらに、同月末には欧州委員会関係者が英国を除くEU27か国の代表に対して「英国が実行可能な唯一の離脱オプションは、EU市場へのアクセスが限定されたカナダ型に類似のものである」と述べたと報道された[29]。その際に英国金融サービスの将来の在り方は、①カナダ型のFTAモデル、②一部の同等性評価、③規制の協調、の3本柱から成るとする構想が示されたとのことだが、この内容が正しければ本稿の考察から導かれる考察と一致する。

7. おわりに

英国の金融サービス機関及びロンドン金融市場にとっては、単一パスポート制度の維持及びEU金融市場への現状と同等のアクセス権が得られることを強く志向することは当然である。しかし、Hard Brexitへの指向性が高いとされるEU側にとって、英国の金融市場及び金融サービス業が円滑なユーロ建取引の基盤を提供し地域的国際通貨としてのユーロの地位

---

28) Bloomberg (2018a).
29) Bloomberg (2018b).

を支えている事実は否定できないものの、単一パスポートを英国の金融機関に認める十分な動機とは言い難いように見られる。離脱交渉の遅れに鑑みれば英国の金融機関の対応策として最も現実的なのは、EU27 に早期に拠点を移動・設立し、離脱日までに営業認可を取得する道であると言わざるを得ない。第三国所在の CCPs への監督強化方針が示され、欧州銀行監督局の移転先を決定するなども、EU 側が金融サービス部門においては Soft Brexit を意図していることを否定する材料といえよう。同分野における EU の政策にはスピード感があり、EU と英国の早期妥結を断念した金融機関の間で英国外への業務移転を模索する流れを変える要素は現状見当たらない。

（2018 年 6 月 12 日脱稿）

＜参考文献＞
- 太田瑞希子（2018）「EU 金融規制・監督政策からみる Brexit と英国金融サービス」国際関係紀要（亜細亜大学）27 巻 1・2 合併号、75-101 頁。
- 伊藤さゆり著（2016）『EU 分裂と世界経済危機』（NHK 出版）。
- 神山哲也（2017）「英国による EU 離脱通知 ―今後のスケジュールと金融資本市場の論点―」『資本市場クォータリー 2017 Spring』1-15 頁。
- 日本証券経済研究所編（1994）『EU の金融・証券市場統合と通貨統合―その法的枠組み―』（日本証券経済研究所）。
- Bank of England (2017), The Bank of England's supervision of financial market infrastructures — Annual Report.
- Bloomberg (2018a), "EU May Allow U.K. Banks Limited Post-Brexit Access, Barnier Says", January 10, 2018.
- Bloomberg (2018b), "EU Is Refusing to Budge on Post-Brexit Financial Services", January 31, 2018.
- Brunsden, Jim and Fortado, Lindsay (2017), "Brussels sets out tough new line on equivalence. More rigorous procedures could deliver blow to City's hopes of retaining EU access", Financial Times, (February 27, 2017).

第 8 章 Brexit 後の英国金融機関と EU の関係

- Council Directive 93/22/EEC of 10 May 1993 on investment services in the securities field.
- Directive 2011/61/EU of the European Parliament and of the Council of 8 June 2011 on Alternative Investment Fund Managers and amending Directives 2003/41/EC and 2009/65/EC and Regulations (EC) No 1060/2009 and (EU) No 1095/2010 Text with EEA relevance.
- European Commission (2017), EU equivalence decisions in financial services policy: an assessment, Commission Staff Working Document, February 27, 2018.
- European Free Trade Agreement (1994), Agreement on the Eueopean Economic Area, (OJ No L 1, 3.1.1994, p. 3; and EFTA States' official gazettes)
- European Securities and Markets Authority (2017a), List of Third-country Central Counterparties authorised to offer services and activities in the Union.
- European Securities and Markets Authority (2017b), List of Central Counterparties authorised to offer services and activities in the Union
- First Council Directive 77/780/EEC of 12 December 1977 on the coordination of the laws, regulations and administrative provisions relating to the taking up and pursuit of the business of credit institutions (77/780/EEC) OJ L 322, 17. 12. 1977.
- Regulation (EU) No 648/2012 of the European Parliament and of the Council of 4 July 2012 on OTC derivatives, central counterparties and trade repositories (EMIR).
- Second Council Directive of 15 December 1989 on the coordination of laws , regulations and administrative provisions relating to the taking up and pursuit of the business of credit institutions and amending Directive 77/780/EEC (89/646/EEC) OJ L 386, 30.12.1989.

第2部　Brexit 後の英国・EU 関係と EU の未来

第9章　Brexit 以後の欧州政治情勢と EU 改革の行方

早稲田大学政治経済学術院教授　**福田　耕治**

1.　はじめに

　英国の EU 離脱（ブレグジット：Brexit）の是非を問う国民投票後、2016 年末から 2017 年の欧州諸国では国政選挙が相継ぎ、反移民・反難民、反 EU を掲げるポピュリスト政党の台頭が各国で耳目を集めた。その背景には、ユーロ危機、ウクライナ危機、移民・難民危機、国境を越えるテロ拡散の脅威があり、「EU 崩壊」の危機すら懸念されたからである。

　しかし 2017 年 9 月欧州委員会のユンカー委員長は、一般教書演説において「欧州は再び風をその帆に捉えるようになった[1]」との認識を示した。さらに、メルケル独首相とマクロン仏大統領が 2018 年 3 月パリで行った共同記者会見において EU の改革に向けて両国が協力していく意思を表明した[2]。この間に、一方では EU 機構内の対立もみられ、他方では EU と英国、加盟国間における利害対立、さらにハンガリー、ポーランドなどの EU の価値観への挑戦、排外主義的な権威主義体制の強化などを垣間見ることができた。

　英国の EU 離脱は、EU 機構内の機関相互の均衡や加盟国との関係にも大きな影響を与え、EU 機構や意思決定にも変化を生じさせる可能性があ

---

1 ）European Commission（2017）*PRESIDENT JUNCKER'S STATE OF THE UNION ADDRESS 2017:Proposals for the future of Europe that can be implemented on the basis of the Lisbon Treaty*. http://eumag.jp/feature/b1217/, accessed on 1 May 2018
2 ）http://www.trt.net.tr/japanese/shi-jie/2018/03/17/merukerudu-shou-xiang-tomakuronfo-da-tong-ling-eunogai-ge-nixiang-ketexie-li-siteiku-931764, accessed on 21 Dec. 2017.

図表 9-1　英国経済成長率	図表 9-2　英国完全失業率
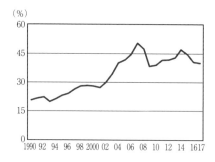	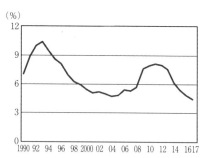

図表 9-1、9-2 とも（出典）IMF（GLOBAL NOTE）から作成。

る。英国は、人口規模において、独、仏、イタリアに次ぐ大国であるだけではない。リスボン条約に定める二重多数決制度の下で英国は影響力をもってきたし、国連安全保障理事会においてもフランスに次ぐ位置にある[3]。また独・仏・イタリアとともにG7のメンバーであり、世界銀行、IMF、G20でも主導的役割を担ってきた。さらに英国は、その軍事的・外交的影響力から、EU共通外交安全保障・防衛政策分野でも「EU＋3（英・仏・独）」と呼ばれてきた[4]。このようなEU制度構造は、ブレア英首相、ジョスパン及びシラク仏大統領、シュレーダー独首相の時期に形成され、確立された。R. クーペルスらは、当時これらの革新的政権が欧州懐疑主義を乗り越えるリベラルな社会民主主義的勢力であると捉えていた[5]。英国は、欧州委員会やEU司法裁判所が超国家的権限を拡大しようとする動きに対して常に抵抗し、ユーロ圏に属さないにもかかわらず経済通貨同盟（EMU）にかかわる事項や社会政策の分野におけるEUの立法権拡大を阻む役割を演じ続けてきた。それでは**図表 9-1、9-2**のように経済成長率が高く、失業率も低い英国がEUから離脱後、欧州とEUはどのように変わるのであ

---

3) Puetter, Uwe（2017）"Brexit and EU Institutional Balance: How Member States and Institutions Adapt Decision-making", Fabbrini, Federico ed.（2017）*The Law & Politics of Brexit*, Oxford University Press, pp. 247-248.

4) Ibid.

5) ルネ・クーペルス、ヨハネス・カンデル編（2009）『EU時代の到来――ヨーロッパ・福祉社会・社会民主主義』（田中浩・柴田寿子監訳、未來社）13-14頁。

ろうか。

　本稿では、2010年代以降のEU諸国の政治情勢を振り返ると同時に、これらを背景にして欧州各国で台頭するポピュリズム（大衆迎合主義）の背景とその在り方を俯瞰し、これらに対応してEU改革の方向性はどうなるのか、EU統合とその改革戦略の全体像を探り、個々の改革事項について相互の関連性や今後の改革のロード・マップを明らかにする。欧州理事会と欧州委員会、特にEU改革に向けた独仏首脳の意向と主要国の立場、欧州理事会のトゥスク常任議長と欧州委員会のユンカー委員長というEUの2トップの改革案を含めて検討し、「危機」や「連帯」という言葉に埋もれていたEUと加盟国と市民との関係を考えることを通じてEU改革の行方、今後の欧州統合の展望を探ることにしたい。

2. 欧州懐疑主義から英国EU離脱の国民投票と欧州各国政治への影響

(1) 欧州懐疑主義の背景とポピュリズムの台頭

　欧州統合に関係する人々や機関がどのような政治的、社会的立場に立っているのか、あるいはいかなる利益を追求しようとしているのか、それらのヴィジョンやイデオロギー（連邦主義、政府間主義、国家主義、民族主義、排外主義など）、多様な価値観の中で、特に政治経済アクターが重視している価値は何かに注目し、欧州統合をめぐる立場と利益の違いに焦点を当て検討してみよう。国家的利益、国民的利益、社会階層・職能的利益あるいはEU・欧州全体の利益など、政治指導者たちが背負うべき様々な利益間の調整過程において、規範、言説、ヴィジョンといった「間主観的」要素が、個人や集団の利益や選好、EUの政治・行政構造・制度と相互作用を行う中で、どのように政治・経済的変化が構成され、社会構築主義的[6]に欧州統合が展開されてきたのか、そのダイナミズムを探ってみたい。

　欧州懐疑主義（Euroscepticism）は、EU統合プロジェクトに懐疑的な人々

---

[6] 社会構築主義については、福田耕治（2002）「欧州統合の理論と現実の構築」同志社法学52巻6号（282号）244-251頁を参照されたい。

の考え方を意味し、EU統合に反対する立場をとる人々の言説との関連で従来は表明される傾向にあった。1970年代から90年代までは、英国やデンマーク、スウェーデンなどの泡沫政党において懐疑主義的主張が見られ、EU経済・通貨統合に完全には参加しない諸国家で語られることが多かった。

しかしユーロ危機以降、2010年代に入ると欧州大陸諸国を含む大部分のEU加盟国において何らかの形でEUに懐疑的な諸政党等が形成され、その言動が耳目を集めるようになった。特にBrexit以後、欧州懐疑主義は、ポピュリズムと結びついて反EU統合を訴える政党、政治勢力となって各国で台頭してきている。

それでは、ポピュリズムとは何か。ポピュリズムが世界的潮流となるなかで、2016年『ポピュリズムとは何か』を公刊したヤン・ヴェルナー・ミュラー（Jan-Werner Müller）によれば、まずポピュリストを特徴づけるのは、「自分たちが、それも自分たちだけが真正な人民を代表する[7]」という主張にあるとする。ミュラーは、①ポピュリストは、反エリート主義者であると同時に、反多元主義者でもあり、人民の統一や団結を語りつつも自らの権力を保持する手段として「国民の分断」を利用し、自分たち以外のいかなる反対派、政党も承認することを拒否する。また、②ポピュリズムは、アイデンティティ政治の排他的な一形態であり、民主主義にとって脅威となる、と捉える。③ポピュリストによる統治は、国家統治機構を乗っ取り、縁故主義による政治腐敗と市民社会の抑圧を特徴とする、と指摘している[8]。

つまりポピュリズムとは、①固定的支持基盤を越え、幅広い国民に直接訴える政治スタイルをとり、②庶民の立場から反エリート主義、既成政党などの政治エリート、行政エリートなどへの批判、③カリスマ的政治指導者の存在、④イデオロギー的基盤の薄さなど、4つの特徴を有する政治勢力である、と水島次郎（2016）は整理している[9]。しかしポピュリズムの主張は各国で多種多様な形態をとって現れるのが常である。カス・ミュデ、

7）ヤン＝ヴェルナー・ミュラー（2016）『ポピュリズムとは何か』（板橋拓己訳、岩波書店）ⅴ頁。
8）ミュラー・前掲注7）4-6頁。

クリストバル・ロビラ・カルトワッセル（Cas Mudde & CristÓbal Rovira Kaltwasser）らが2017年に公刊した『ポピュリズム――デモクラシーの友と敵』においては、その定義の幅は広く、①ポピュリズムは、政敵を糾弾するための論戦用語であり、②ポピュリズムは曖昧過ぎる概念のゆえに、どの政治家にも当てはまってしまう[10]、と指摘する。欧州のポピュリスト政党は、①左派的立場で経済的側面を重視し、反欧州、反移民ではないが新自由主義に批判的な立場をとる2014年1月スペインのポデモス（PODEMOS）、2015年1月ギリシャで政権に就いたSYRIZA（急進左派連合）などの「南欧左派型ポピュリズム」、②フランス国民戦線（FN）、オランダ自由党、フィンランド自由党、デンマーク国民党、オーストリア自由党など、ナショナリズムやネイティビズム（nativism）に訴え、反移民・反難民を主張する排外主義的な傾向の強い「極右型ポピュリズム」、③ハンガリーのヴィクトル・オルバーン（Victor Orbán）首相を党首とする2010年4月以降のフィデス政権やポーランドの2015年10月以降の「法と正義」政権、あるいはチェコ市民民主党など、人民は自国民のみに限定し、国内政権与党が、メディア統制・裁判官人事へ介入し、統制を強化する国家主権の堅持を主張する「保守ポピュリズム」という3類型に分類できる[11]、と捉える論者もいる。

　カス・ミュデ、クリストバル・ロビラ・カルトワッセルらが指摘するように「ポピュリズムは、首尾一貫したイデオロギーの伝統というよりも様々な理念の集合なのであって、現実の世界では全く別の、場合によっては相矛盾するイデオロギー同士が組み合わさって現れるのである。[12]」。リス

9）水島次郎（2016）『ポピュリズムとは何か』（中央公論社）12 - 13頁。ポピュリズムという言葉は、米国の「人民の党（Peoples Party, 1892）」が起源とされるが、グローバル化を背景にして近年再び注目されるようになった。わが国でもポピュリズムに関して、吉田徹（2011）『ポピュリズムを考える』（NHK出版）、高橋進・石田徹編（2013）『ポピュリズム時代のデモクラシー』（法律文化社）、中谷義和・川村仁子・高橋進・松下冽編（2017）『ポピュリズムのグローバル化を問う』（法律文化社）、国末憲人（2016）『ポピュリズム化する世界』（プレジデント社）など、多くの先行研究の紹介が行われている。

10）カス・ミュデ、クリストバル・ロビラ・カルトワッセル（2017）『ポピュリズム――デモクラシーの友と敵』（永井大輔・高山裕二訳、白水社）7 - 8頁。

11）原田徹「EU懐疑主義としてのポピュリズムと福祉ショービニズム」『グローバル・ガバナンス』4号、56-60頁。

ボン条約第2条に規定する自由、民主主義や多元主義、法の支配などEUの諸価値を否定するポピュリズムが台頭しつつある[13]。次に西欧諸国における政党、政治団体の事例で確認してみよう。

(2) Brexit（英国のEU離脱）国民投票とその後の欧州各国政治状況

　欧州懐疑主義の立場から2003年に英国独立党（UKIP）を結党した元党首ナイジェル・ファラージ（Nigel Farage）は、2014年欧州議会選挙において24議席を獲得して以降、国内政治においても影響力を強めた。彼は、反エスタブリッシュ感情を煽るために、ポピュリズムが「ドミノ倒し」のごとく世界的な「津波」になる、と比喩的表現をとってその影響力を誇示した[14]。UKIPは、Brexitを成し遂げるために、ボリス・ジョンソン（Alexander Boris de Pfeffel Johnson：前ロンドン市長）やマイケル・ゴーヴ（Michael Andrew Gove：前司法相）など有力な保守党内の欧州懐疑主義的な政治家を巻き込んだ。保守党内でこうした欧州懐疑派議員に追い詰められたキャメロン（David Cameron）前首相は、2013年1月に、2017年までに英国EU離脱の是非をめぐる国民投票を行うことを約束した（「ブルームバーク宣言」）。2015年総選挙キャンペーンにおいてキャメロンはEU離脱の是非を問う国民投票の実施を公約に掲げ、大勝利した。

　キャメロン自身はEU残留派であったため、2015年11月欧州理事会トゥスク常任議長に書簡を送り、EU側に①経済ガバナンス、②競争力、③主権、④社会的便益と移民、の4項目に関する改革要求を突き付けた[15]。これは、英国がEUからの大幅な譲歩を勝ち取ることで国民投票に勝利し、自らの思惑通りに英国保守党内の政権基盤を固めようと企図していたからである。2016年2月欧州理事会のトゥスク常任議長は、英国側の要求にほぼ沿う形で譲歩する内容の回答を示した。これで勝算があると考えたキャメロンは2016年国民投票の実施を決断した。

---

12) ミュラー・前掲注7）15頁。
13) 原田・前掲注11）59頁。
14) ミュラー・前掲注7）viii。
15) 福田耕治編著（2016）『EU・欧州統合研究――Brexit以後の欧州ガバナンス』（成文堂）128頁。

図表9-3　英国純移民流入数 (単位：1,000人・過去5年間)

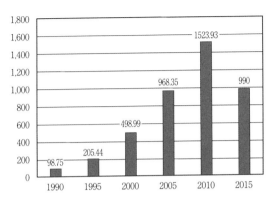

（出典）Global Note, http://www.globalnote.jp/p-cotime/?dno=8860&c_code=826&post_no=1409

　2016年前半に行われた英国EU離脱の是非を問う国民投票のキャンペーンでは、キャメロンやオズボーン（George Osborne）前財務相らのEU残留派は、離脱すると、①英国経済が低迷し、国際競争力も弱まる、②移民が英国経済を支えている面も大きい、③EU域内に留まった方が関税ゼロの単一市場との貿易や金融サービスから得られる経済的恩恵が大きく、④残留すればテロ対策でも過激派情報を各国と共有できるが、離脱すれば、⑤英国の国際的影響力も大幅に低下する、などのデメリット面を多く挙げた[16]。

　他方EU離脱派は、①英国がEUから離脱しても各国と貿易協定を結んで経済力を増すことができ、②図表9-3のような移民流入を防げば、移民が雇用を奪うこともなくなり、移民向けの社会保障費負担が節約できる、③多額のEUへの負担金がなくなり、そこで浮いた予算を国民保健サービス（NHS）など医療・福祉予算へ回すことができる、④国境管理を復活させればテロリストの流入を防げる、⑤国連安保理や米国との特別な関係により英国の影響力は維持できる[17]、など、それらのいくつかは事実に反

---

16) Clarke, H. D., Goodwin, M., Whiteley, P. (2017) *Brexit: Why Britain voted to leave the European Inion*, Cambridge University Press, pp.25-29. 福田・前掲注15) 129-130頁。
17) Ibid., pp.86-110.

図表 9-4　英国国民投票の結果分析——離脱投票の割合（%）

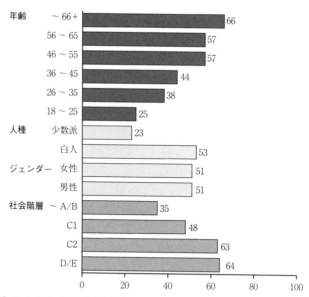

（出典）Clarke,H.D., Goodwin,M., Whiteley,P. (2017), *Brexit: Why Britain Voted to Leave the European Union*, Cambridge University Press, p.155

する虚偽の主張も含まれるが、離脱のメリット面を多く掲げてこれに対抗した。その結果、EU 離脱の是非をめぐる国論は二分し、国民投票当日まで両派への支持は拮抗していた。

　2016 年 6 月 23 日国民投票を実施した結果、残留 48.1％、離脱 51.9％（投票率 72.1％）となり、図表 9-4 に示すような割合で EU からの英国の離脱が決定された[18]。これに伴い、キャメロン首相は辞任した。7 月にテリーザ・メイ（Theresa Mary May）が第 76 代首相に就任すると、欧州懐疑派のデービッド・デービス（David Davis）離脱担当相、リアム・フォックスを国際貿易相に、フィリップ・ハモンド（Philip Hammond）を蔵相に、離脱キャンペーンを指揮したボリス・ジョンソンを外相に任命した[19]。

　これに触発されるように欧州各国では多様なポピュリスト政党が勢いを増していった。英国の国民投票以降、欧州政治の潮目が大きく変わり、反

---

[18] http://www.bbc.com/japanese/36614513, accessed on 21 Dec. 2017.
[19] http://www.afpbb.com/articles/-/3093872, accessed on 21 Dec. 2017.

図表 9-5　EU 市民の世論動向

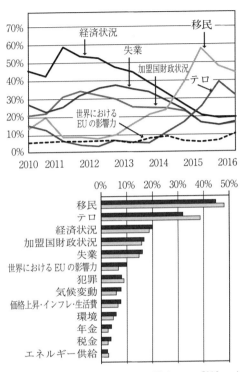

(出典) Standard Eurobarometer 85, Autumn 2016, pp.4 - 5.

EU、反移民・反難民、自国第一主義を訴える英国独立党（UKIP）と同様、欧州懐疑主義政党、EU 懐疑主義と結びついたポピュリスト政党が欧州各国で台頭してきた。英国において UKIP が支持を伸ばし、国民投票の結果に影響力を持った背景を考えてみよう。ロンドンを除くイングランド地域が離脱を選択し、スコットランドと北アイルランド地域では残留を選択した。地理的分断状況と経済的状況をみると、離脱を選択した地域の住民層は、製造業、建設業などの非グローバル企業に勤務する比較的所得が低い低賃金労働者層で学歴も低く、失業リスクの高い層であった。逆にシティの金融・保険業などの競争力のあるグローバル企業に勤務する高学歴・高所得層が多い地域では、EU 残留を選択している[20]。

これは英国に限った現象ではなく、賃金が相対的に低い衰退産業地域に

図表 9-6　主要国の所得格差の推移

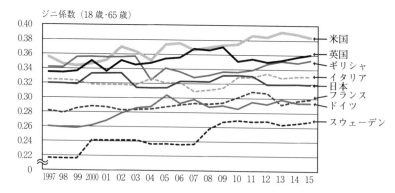

（出典）GLOBAL NOTE: OECD Income Distribution Database (IDD): Gini ,poverty, income, Methods and Concepts., https://www.globalnote.jp/post-12038.html, accessed on 13 June 2018.

おいては、移民労働者の流入が自らの失業やテロの頻発につながり、社会保障費の削減につながるというポピュリスト政党の言説に影響され易く、人の自由移動政策をとる EU への不信や反感、移民・難民への反発感情を惹起させる傾向があると考えられる。EU 各国でジニ係数の上昇割合が高く、格差拡大が顕著な加盟国や地域ほど、低所得層を中心としたポピュリスト政党への支持層が膨らんでいる現実を観察することができる。

　2016 年 12 月のオーストリア大統領選挙では、第 1 回投票では移民・難民の排斥を訴えるノルヴェルト・ホファー（Norbert Hofer）率いる右派ポピュリスト政党の自由党が 35.05％の得票を得て第 1 位になった。そこで第 2 回投票では他の諸政党すべてが大同団結して、緑の党のアレクサンダー・ファン・デア・ベレン（Alexander Van der Bellen）を大統領に選出した。第 2 回投票で第 1 位のベレンは、50.35％の支持を得たが、第 2 位のホファーは 49.65％と僅差であったことは留意する必要がある[21]。同日にイタリアで行われた憲法改正の是非を問う国民投票では、コメディアンのベッペ・グリッロ（Beppe Grillo）が結党したポピュリスト政党「五

20）福田・前掲注15）129-131 頁。
21）http://www.bmi.gv.at/cms/BMI_wahlen/bundespraes/bpw_2016/Ergebnis_2WG_WH.aspxhttps://ja.wikipedia.org/wiki/, accessed on 21 Dec. 2017.

つ星運動」が 29.8％の支持を得て大躍進し、憲法改正の否決を受け、レンツィ首相は辞任した[22]。

2017 年 1 月 17 日メイ首相は「Brexit 演説」を行い、「英国 12 項目の優先事項」と題する英国側の EU との交渉方針を明らかにした[23]。また 2 月 2 日「Brexit 白書」において単一市場からの離脱、EU 司法裁判所管轄権の拒否、主権の回復、離脱交渉と将来の EU との関係を同時交渉し、不利な取引交渉は回避する Hard Brexit の立場を表明した[24]。

2017 年 3 月 15 日のオランダ下院選挙では、ルッテ（Mark Rutte）首相率いる自由民主党（PVV：与党・中道右派）が 33 議席を得て第一党となったが、反イスラム・反難民の立場をとるウイルダース（Geert Wilders）党首の極右政党、自由党（PVV）が 20 議席を獲得して第 2 党へと躍進した[25]。しかし、フランス大統領選挙ではこうしたポピュリスト政党の台頭に歯止めをかけることに成功した。

2017 年 4 月 23 日のフランス大統領選挙の第 1 回 投票では、エマニュエル・マクロン（Emmanuel Macron）の前進（中道派）が 23.7％の支持を得て、マリーヌ・ルペン（Marine Lepen）の極右政党「国民戦線」（FN）は 21.7％であった。1972 年結党以来、移民排斥・反グローバリズム、反 EU を訴える泡沫政党であった FN は、2014 年の欧州議会選挙において 24 議席を獲得して以降、反知性主義、反イスラムでありながらも近年穏健化路線をとりつつ国政選挙でもその影響力を強めていった。2017 年 5 月 7 日の第 2 回の決戦投票ではエマニュエル・マクロンの「前進（中道派）」が 66％の支持を得て大統領になり、ルペンは 34％にとどまったことで極右化の流れを止めることができた[26]。

2017 年 6 月 18 日フランス国民議会選挙でも、マクロン率いる「共和国前進」が 308 議席を得て圧勝したが、斜陽産業地域・非都市住民、下層・

---

22) https://jp.reuters.com/article/italy-politics-5-star-idJPKBN14B0FG, accessed on 21 Dec. 2017.
23) https://jp.reuters.com/article/britain-eu-idJPKBN1530E0, accessed on 21 Dec. 2017.
24) https://www.huffingtonpost.jp/2017/02/03/brexit_n_14590450.html, accessed on 21 Dec. 2017.
25) https://jp.reuters.com/article/netherlands-election-exit, accessed on 21 Dec. 2017.
26) 渡邊啓貴 (2018)「2017 年フランス大統領選挙に見るポピュリズム――国民戦線（ＦＮ）は『凋落』したか」グローバル・ガバナンス 4 号、1 頁。

低所得者層を支持基盤とするルペンの国民戦線は僅か8議席にとどまり、衰退傾向にある[27]。英国の国民投票とフランスの国政選挙の結果を比較すると、**図表9-4**のように、国民の分断、すなわち世代間、地域間、所得階層（学歴）間における社会的亀裂の存在が共通して顕在化したことを指摘できる。欧州各国で大量の移民・難民の受入れ問題や頻発するテロの脅威の結果、世論に変化が生じ、経済格差拡大と貧困問題の深刻化と相俟って、反グローバリズム、反EU統合を訴える多様なポピュリスト政党の躍進が2018年3月現在も続いている。極右政党による自国第一主義や福祉愛国的排外主義（welfare chauvinism）を訴えるポピュリスト政党の主張に多くの大衆の支持が集まる傾向にあり、移民・難民問題とホーム・グロウンテロリストの脅威などもその背景にあることが推測される。

　2017年9月24日のドイツ連邦議会選挙では、メルケル首相率いるキリスト教民主・社会同盟（CDU・CSU）は33.0％の得票を得て第1党を維持できたが、メルケル首相を支えてきたキリスト教民主同盟・社会同盟（CDU/CSU）が大幅に議席を減らした。第2党のドイツ社会民主党（SPD）が20.5％得票率となった。しかし、2013年にギリシャ危機に触発され2013年ドイツのEUからの離脱と反ユーロを訴えてベルント・ルッケ、フラウケ・ペトリー、コンラート・アダムの3人で結党した極右ポピュリスト政党、「ドイツのための選択肢」（Alternative für DEUtschland：AfD）が、12.6％の大衆の支持を集めて第3党へと躍進し、94議席を獲得するに至った[28]。ドイツでは弱小政党乱立を防ぐため「5％阻止条項」があり、AfDは議会進出が困難であったが、第19回ドイツ連邦議会選挙では、難民受入れ反対と反イスラムを訴えて大衆の支持を集め5％条項の壁を越えた。国政選挙当時好景気にもかかわらず旧東ドイツ地域を中心にAfDが得票を伸ばし、CDU/CSUが伸び悩んだ背景には、難民危機への対応をめぐるCSUの内部分裂や既成政党SPDがCDUとの政策上の違いを明確化できなかったことなどが指摘されている。とはいえ、排外主義的極右政

---

27) https://jp.ambafrance.org/article11734, accessed on 21 Dec. 2017.
28) https://www3.nhk.or.jp/news/special/german-election-2017/german-election/, accessed on 21 Dec. 2017.

党への警戒感から AfD 支持も 12％程度に留まり、徐々に低下する傾向にある。2018 年 1 月 12 日メルケル CDU/CSU、SPD の大連立政権樹立に漕ぎつけたが、未だ不安定な状況は続いている。欧州統合問題を最優先課題としてマクロン仏大統領とともに協力して積極的に EU 改革、ユーロ圏改革に取り組むとメルケル首相は表明しているが今後の動向を注視する必要がある。

イタリア議会総選挙（上院・下院の両方を改選）が 2018 年 3 月 4 日行われ、選挙結果は、ベルスコーニ（Silvio Berlusconi）率いる中道右派連合（フォルツァ・イタリア＋同盟）が政権党となり、上院（改選315議席）、下院（630議席）とも中道右派連合が得票率を得たが、いずれも過半数には届かなかった。右派連合内では、EU/欧州懐疑派で移民排斥を訴えるサルビーニ書記長の「同盟」（旧・北部同盟）の得票数が、ベルルスコーニ元首相率いる「フォルツァ・イタリア」を上回り、一政党としてはディマイオ党首のポピュリスト政党「五つ星運動」が既成政治・汚職払拭と月額 780 ユーロ（約 10 万円）のベーシックインカムの導入を訴えて最多の支持、32％の得票率を得た[29]。

EU 各国の社会保障制度自体も国別に多様である。それを前提として、EU レベルの共通化した国際制度と加盟国レベルの統治構造が連動して動く EU の仕組みの中で、多くの齟齬が生じてくる。それらが、反グローバリズムを訴えるポピュリスト政党を生み、これを増殖させる温床となっている。

(3) 第二、第三の EU 離脱はあるのか

英国の国民投票後、加盟国間と市民間における連帯、信頼が揺らぎ、欧州懐疑主義、ポピュリズム台頭が懸念されている。英国の EU 離脱がトリガーとなり、自国第一主義が叫ばれるようになり、EU は現在も強い逆風にさらされている。さらに 2010 年以降のハンガリー、2015 年ポーランドの権威主義国家化に伴って、EU の中心的価値（Core value）への挑戦が

---

29) https://mainichi.jp/articles/20180306/ddm/007/070/099000c, accessed on 21 Dec. 2017.

顕在化してきた。EU は今やその存在理由が問われ、正統性の危機に陥っているとする論者もいる。第二、第三の EU 離脱の可能性はあるのか、ハンガリー、ポーランドの状況について考えてみたい。

　2004 年 5 月 1 日に、旧ソ連・中欧・東欧諸国 8 か国とキプロス、マルタを加えた 10 か国が EU に加盟した。中欧という理念やアイデンティティが強いポーランド、ハンガリーは、何度も民主主義体制への移行に失敗し、挫折を重ねてきた歴史がある。

　EU への中東欧諸国の加盟に際しては、コペンハーゲン基準（民主主義・法の支配・人権など）の厳格な適用が求められた。「ヨーロッパへの回帰」を目指し体制移行を進めてきたポーランド、ハンガリー両国も、法律、政治、経済、社会に関する 31 項目の条件を課せられ、8 万頁に及ぶ EU のアキ・コミュノテールと呼ばれる EU 法の総体を受け入れ、国内法制化することを求められた。共通農業政策（CAP）の下で西欧諸国に対する農業保護の配慮から、加盟当初、両国への農業補助金は 25％から始まり、段階的に増額されていった。こうして過渡期間を経た 2013 年からようやく 100％の農業補助金が受給できることになった。しかし、その間にポーランドやハンガリーのワインが西欧諸国の基準を満たしていないことなどを理由として減反を迫られ、中東欧諸国の農業は EU の厳しい規制下に置かれた。ハンガリーの外貨獲得手段となっていたフォアグラも衛生基準に問題があるとして EU から輸出制限を課せられた。これらによりポーランド農民党、家族同盟、青年民主連合（フィデス：FIDESZ）などの諸政党が EU への反感や警戒感を強め、欧州懐疑主義政党化が進むことになった。ポーランドは、旧ソ連・ロシア支配に対抗するためにアメリカの軍事的・経済的な支援を期待し、イラク戦争でも兵員を派遣し最も多くの戦死者を出し、EU 加盟実現とアメリカの同盟国となるために多大な犠牲を払ってきた。

　EU 加盟後の両国は、政治経済的に十分に安定が達成できていない状況下でリーマン・ショックとこれに続く金融危機に遭遇した。ハンガリーは、1989 年冷戦終焉の時点では改革が最も進んでいたが、経済的にはすでにアメリカ資本の影響下にあった。2012 年 1 月末の時点では、ショックの

図表9-7　EU 予算 国別の純貢献額比較
EU 予算への国別純拠出額（2014年）

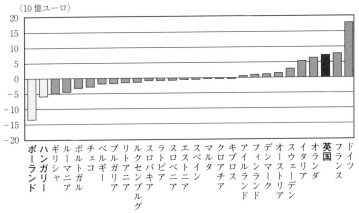

（注）　英国については一部払い戻し調整後。
（資料）欧州委員会2014年予算報告書よりみずほ総合研究所作成。
（出典）高田創（2016）「Brexit の背景、EU 負担に見合わない英国」みずほ総合研究所、2頁
　　　（https://www.mizuho-ri.co.jp/publication/research/pdf/today/rt160622.pdf）。

影響が他の中東欧諸国よりも大きく、IMF と EU の財政支援を検討せざるを得ない状況に陥った。また社会党政権下で財政赤字が粉飾されていたことや、1988〜2002年フィデス連立政権の保守・民族主義的政権の強硬路線に対して、EU の反感を招き、EU から十分な支援は得られなかった。こうしてハンガリーはその後、ヨビックなどの極右政党が伸張し、オルバーン首相を党首とする2010年4月総選挙以降のフィデス・キリスト教民主国民党が議席数の3分の2にあたる263議席を獲得し、民族主義的な反移民政策、反難民政策へとつながっていった。フィデス政権は、国民議会で83％の議席を占めるのを背景に、頻繁な憲法改正を行い、新自由主義、国家主義、新保守主義など多様なイデオロギーを折衷し、憲法裁判所の権限縮小、新憲法発布、新メディア法制定などを短期間に進め、中央銀行、メディアを統制して、反 EU の立場をとる権威主義的な統治体制への回帰を進めた。またオルバーン首相は2020年以前のユーロ導入は困難であるとしている[30]。

　他方ポーランドは、2004年 EU 加盟の実現と「シェンゲン協定」（2012

図表 9-8　GDPに占める社会保障支出の比較
Social Expenditure Database (SOCX) 2015

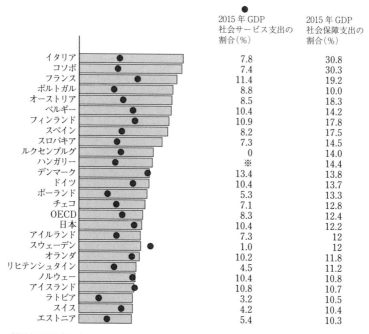

国	2015年GDP 社会サービス支出の割合(%)	2015年GDP 社会保障支出の割合(%)
イタリア	7.8	30.8
コソボ	7.4	30.3
フランス	11.4	19.2
ポルトガル	8.8	10.0
オーストリア	8.5	18.3
ベルギー	10.4	14.2
フィンランド	10.9	17.8
スペイン	8.2	17.5
スロバキア	7.3	14.5
ルクセンブルグ	0	14.0
ハンガリー	※	14.4
デンマーク	13.4	13.8
ドイツ	10.4	13.7
ポーランド	5.3	13.3
チェコ	7.1	12.8
OECD	8.3	12.4
日本	10.4	12.2
アイルランド	7.3	12
スウェーデン	1.0	12
オランダ	10.2	11.8
リヒテンシュタイン	4.5	11.2
ノルウェー	10.4	10.8
アイスランド	10.8	10.7
ラトビア	3.2	10.5
スイス	4.2	10.4
エストニア	5.4	10.3

（出典）OECD（2016）https://www.oecd.org/social/expenditure.html

図表 9-9　失業率の比較

	英国	ハンガリー	ポーランド	フランス	ドイツ	イタリア
2016	4.8	5.1	6.2	10.1	4.1	11.7
2015	5.3	6.8	7.5	10.4	4.6	11.9
2014	6.0	7.7	9.0	10.3	5.0	12.7
2013	7.5	10.2	10.3	9.9	5.2	12.2
2012	7.9	11.0	10.5	9.4	5.4	10.6

（出典）ILO 資料:ILO（https://www.globalnote.jp/post-7521.html）から筆者作成。

年12月現在でEU非加盟国を含む26か国）の発効が重なり、加盟直後から他のEU主要国、特に英国、アイルランド、スウェーデンへの移民労働

---

30) http://index.hu/gazdasg/magyar/2011/02/05/orban_victor, accessed on 26 March,2011

力の移動を進め、経済成長へとつなげていった。

とはいえ、2000年代後半になってもポーランドの一人当たりのGDPはEU平均の60％程度にとどまっていた。こうした経済状況下でリーマン・ショックと2009年以降のユーロ危機に巻き込まれることになり、2008年10月IMFとEUから総額200億ユーロの支援を受けることとなり、その後緊縮財政政策が実施に移された。2012年以降12％のマイナス成長に陥り、国民の不満も次第に高まっていった。こうした経済状況の下で2015年10月以降の「法と正義」政権もハンガリーと同様に権威主義体制化を進め、ヤロスワフ・カチンスキ党総裁の指揮下で、政権獲得後メディアと憲法裁判所に対する統制を強化する法改正を行い、自由、民主主義や多元主義、法の支配などといったEUの基本的諸価値と真っ向から対立する立場を鮮明にし、反EU的言説を表明するようになっている。

とはいえ、**図表9-7**に示すように、英国とは違い、ポーランド、ハンガリーのいずれも現在では、EUから多くの経済的恩恵を得ており、負担よりは利得が圧倒的に大きい。EU加盟後両国内における格差（ジニ係数）も縮小傾向にあるか、安定しており、**図表9-8**に示すように、GDPに占める社会保障支出もOECD諸国平均より上（2015年）か、OECD平均程度（2016年）であり、国民の所得格差に対する不満はそれほど大きいとは言えない。**図表9-9**のように、両国の失業率も5〜6％と他のEU諸国と比較しても高いとは言えない[31]。

以上のことから、現状においては、ハンガリー、ポーランドなどで、第2、第3のEUからの離脱が起こることは考えにくいと結論できる。いずれにせよEU加盟後、雇用と社会保障の確保が政治経済の安定を生み、持続可能な発展につながっていると考えられる。

---

31) OECD Income distribution Database:IDD,Gini,Poverty,Income,Methods and Concepts.https://www.Globalnote.jp/post-12038.html, accessed on June 18,2018

3. 欧州委員会「欧州の将来に関する白書」と EU 改革のシナリオ

　以上のように欧州各国で欧州懐疑主義がポピュリスト政党の主張と結びつき、反グローバリズム、反 EU・親 EU の多種多様なポピュリスト政党が台頭してきた背景をみてきた。確かに、EU 市場統合によって各国で規制緩和と民営化が進み、政府負担の軽減と資本収益率の向上に役立った。しかし、リーマン・ショックの影響が及んだ 2009 年以降、PIIGS 諸国（ポルトガル、アイルランド、イタリア、ギリシャ、スペイン）の経済は巨額債務が顕在化し、トロイカは債務処理のための融資の条件として、債務国に厳しい緊縮財政と社会保障費の削減や増税を課したが、これら諸国では失業率が高止まりし、国民の格差拡大、貧困化が進んだ。その結果、大衆の EU やユーロへの不信感や不満が増大し、ポピュリズム台頭の温床となった。同時に EU 加盟国間における経済格差を拡大させ、これが現在の EU の複合的危機につながってきたことを認めざるを得ない。こうした状況を踏まえ、望ましい欧州の将来ヴィジョンを描き、実現するための EU 改革案、改革のシナリオは、どのような選択肢とこれらに対応するいかなる制度的手段や方向性、ロード・マップが考えられるのであろうか。

　2010 年から 2018 年前半の期間における説明変数として①経済状況（名目 GDP、失業率、ジニ係数）の推移、②メディア（SNS を含む）の報道・ウェブ検索ワード頻度数の推移、③主要アクターの施政方針演説、改革案などの言説、④移民・難民の流入数の推移、⑤欧州市民と各国世論の動向（ユーロバロメーター等の指数）、⑥各国国政選挙における政党支持の結果、自国第一主義、反 EU 統合を訴える排外主義的なポピュリスト政党への支持の推移、などの変数の相関関係を検討し、ポピュリスト政党支持の投票行動へと民意を動かす動因を考えてみたい。つまり経済的な分配状況など物質的利益の過程から、各社会的階層別の人々の心理的解釈の過程を経て、自国第一主義・排外主義・反 EU 統合へ向けた投票行動が増大したり、減少したりする政治過程のリンキング・メカニズムをある程度解明すること

図表 9-10 『欧州の将来に関する白書』5つのシナリオの概要

	シナリオ1	シナリオ2	シナリオ3	シナリオ4	シナリオ5
単一市場・貿易	単一市場（エネルギー、デジタル部門含む）強化 EU27はさらなる貿易強化	商品・資本の単一市場の強化、基準は加盟国間で異なる；ヒトやサービスの移動	シナリオ1と同様	共通基準は最低限度でEUレベルの規制を実施強化；貿易は専らEUレベルで処理	単一市場は、基準の統一・調和、強力な施行強化貿易はEUレベルで処理
経済・通貨同盟	ユーロ圏の機能の改善を進める	ユーロ圏内の協力は限定的	シナリオ1と同様：一部国家群が形成され、協力を深化 例：税・社会的基準	ユーロ圏の統合強化・安定確保を段階化；EU27は雇用・社会政策への関与を減少	経済、金融、財政同盟の達成
シェンゲン、移民・安全保障	域外国境管理の協力を漸進的強化：共通庇護政策や安全保障	共通移民・庇護政策は設定せず安全保障問題協力は2国間取り決め域内国境管理は厳格に実施	シナリオ1と同様：一部国家群形成；安全保障や司法分野で協力を深化	国境管理や庇護政策、テロ対抗措置協力は組織的／体系化	シナリオ4と同様
対外政策・防衛	一つの声に基づく対外政策；緊密な防衛部門協力	対外的課題は2国間；防衛協力は従来通り実施（変化なし）	シナリオ1と同様：一部国家群が防衛協力深化；軍事協力・装備品共通化	EUは全ての外交政策で、一つの声で対応；欧州防衛同盟の創設	シナリオ4と同様
EU予算	27か国で同意・改善された課題を反映し部分的に刷新	単一市場に必要なものに絞る	シナリオ1と同様：いくつかの国が統合を深化させたい分野での追加予算の枠組み作成	EU27の同意の下、大幅に変更	大きく刷新・独立財源増強化：ユーロ圏の財政安定機構運営
実施能力	積極的改革目標で成果、意思決定は複雑・実施能力は期待に応えられるとは限らない	意思決定はより分かり易く、集合的な行動力は制限；共通の課題は2国間で解決が必要	シナリオ1と同様 一部国家群がある分野で目標達成；意思決定は複雑化	課題に優先順位つけ、諦める場合の合意困難；EU意思決定は明確化、迅速に行動可能	意思決定は迅速かつ実施はより強力；EUが加盟国から権限を得すぎと感じられアカウンタビリティ確保に疑問が増加

（出典）European Commission（2017c）"White Paper on the Future of Europe", p.29. から作成。

ができる。これは EU 改革、欧州政治経済の再興戦略を立て、世界の変化に呼応する欧州の将来展望、EU 改革の制度設計をするうえで有効な羅針盤となり、シナリオごとの最適解、方策を考えるヒントとなろう。しかし本稿では紙幅の関係もあり、主要アクターの基本的な考え方を示して EU 改革の方向性を示すにとどめたい。

(1) 欧州委員会『欧州の将来に関する白書』(2017 年 3 月 1 日)

　2017 年 2 月 3 日開催された欧州理事会（マルタ・バレッタ・EU 首脳非公式会議）では、EU の制度改革が議論され、「EU の将来に関するベネルクスのヴィジョン」が提示された。これは加盟国間の経済格差・政治的差異を踏まえ、「異なる統合の道筋」、すなわち全加盟国が一斉に統合を目指すのではなく、可能な加盟国から徐々に統合を進める「マルチスピード（多速度）・欧州」あるいは「2 スピード（2 速度）・欧州」へと EU に方向転換を求める将来像を提案したのであった[32]。

　2017 年 3 月 1 日「欧州の将来に関する白書——2025 年までの欧州のための 5 つのシナリオ：27 か国が一層団結するために」と題する白書が欧州委員会から発表された。この欧州委員会の示した 5 つのシナリオは、図表 9-10 のように、①現行通りに進む、②単一市場に限定する、③統合の深化を望む加盟国だけで進める、④統合分野を減らし、効率的に進める、⑤全体として統合を深化させる、という EU 統合の 5 つの選択肢である。これらの選択肢は、一つのシナリオの選択ではなく、むしろ複数の方向を組み合わせることで現実の EU 改革の方向性が見えてくる。この 5 つのシナリオのうち、②単一市場を出発点とし、④統合分野を減らして政策の効率化を図る方式は、③とともに、現実的な対応策として多速度統合やアラカルト方式の統合を推奨しているようにも見える。

(2) 欧州理事会：ローマ宣言（2017 年 3 月 25 日）

　2017 年 3 月 25 日「ローマ条約 60 周年」を迎えた。欧州理事会（EU 首

---

[32] https://www.jetro.go.jp/biznews/2017/02/c6cc148e445a0a99.html, accessed on 21 Dec. 2017.

図表 9-11　ローマ・アジェンダの概要

1. 安全で安心な欧州	テロ・組織犯罪と闘い、EU域外国境管理を強化し、持続可能な移民・難民政策により、欧州市民が安全・安心できる自由移動可能な共同体を実現する。
2. 繁栄を享受する持続可能な欧州	経済成長と雇用創出できる共同体、安定した強い通貨に裏打ちされた単一市場をさらに推進し、特に中小企業に適切な経営環境を作る。投資、構造改革、経済通貨同盟構築を図るうえで持続可能な成長、安定した妥当な価格のエネルギーと汚染のない安全な環境を提供する。
3. 社会的欧州（社会政策）	域内市場の整合性を維持し、持続可能な成長を基礎に経済的社会的発展と結束・収斂をはかる。男女平等、市民の人権と機会均等をさらに推進する。失業、差別、社会の排除と貧困を撲滅し、若者に最善の教育・職業訓練を行い、伝統・文化遺産を相互に尊重しあう共同体を目指す。
4. 国際社会で強力な欧州（外交政策）	近隣諸国・世界各国と連携し、安全と繁栄を促進、EU各加盟国の個々の状況と法的制約を考慮しつつ、NATOとの協力し、共通外交・安全保障・防衛政策を強化し、自由で公正な貿易と積極的な気候変動対策を推進して国連や多国間制度を支持する。

(出典) Council of the European Union (2017a) "The Rome Declaration, Press release", 149/17. から作成。

脳会議) は、欧州委員会が提示した上記の5つの将来シナリオを踏まえ、今後10か年間のEUの目標を示し、**図表9-11**のような「ローマ・アジェンダ」として EU の課題を「ローマ宣言[33]」として採択した。英国を除く EU27 加盟国の首脳、欧州理事会常任議長、欧州議会議長、欧州委員会委員長が、この宣言において欧州統合の意義と加盟国の結束の重要性を訴えている。

　ローマ宣言の骨子は、第1に、欧州統合の実績を「共通の諸機関と確固たる価値、……平和、自由、民主主義、人権および法の支配を保証する共同体であり、比類のない社会保護と福祉を備えた大経済圏である」と評価し、第2に、EU が抱える喫緊の課題として「地域紛争、テロ、移民・難民の急増、保護主義、社会・経済的不均衡」を挙げる。これらの課題に応

---

33) European Council, Council of the European Union (2017), http://www.consilium.euro pa.eu/en/press/press-releases/2017/03/25/rome-declaration/, accessed on 21 Dec. 2017.

えるため、第3に、「①安全で安心できる欧州、②繁栄を享受する持続可能な欧州、③社会的な欧州、④国際舞台でより強力な欧州」を構築するという目標を掲げている。

　欧州理事会トゥスク常任議長は、本宣言に従い、EU 首脳による以下の共通課題の設定を通じて欧州理事会としての動きを強める決意を示した。同宣言では、域内で異論もあったが「全加盟国一斉ではなく、可能な加盟国からの統合」を認める「マルチスピードの統合」、「複数スピードの EU」、政策分野ごとに所属する国家群が異なるいくつかの国家グループの枠組みを形成し、これらが段階的に EU 統合に参加することをも許容する現実的で柔軟な方針が盛り込まれた。欧州理事会は、「われわれは連帯を失うことなく、その動きを加速させることができる……ローマ宣言で設定したように、このアプローチは、ある特定の分野において、加盟国がより早く統合を進めるのを妨げない。後から統合に参加する加盟国のためにドアは開けたままにする……連帯は停滞の言い訳にはならない。同時に（一部の加盟国が率先して統合を進める）意思は分裂を生むこともない[34]」とした。

(3) 欧州委員会ユンカー委員長の「一般教書演説」（2017 年 9 月 13 日）

　2017 年 9 月 13 日欧州委員会ユンカー委員長は、「一般教書演説」において「危機発生から 10 年が過ぎた今、欧州経済はようやく立ち直ってきた。同時に、われわれの自信も回復しつつある[35]」という認識を示し、自らの考えとして、欧州委員会が 3 月に示した白書で提示された「多速度ヨーロッパ」とは異なる「一つの一層統合された、強力でもっと民主的な EU」に向けての改革のロード・マップを示した。

「2017 年一般教書演説」によるより強力な EU へ向けての EU 改革案
　1．経済面：全ての EU 加盟国が銀行同盟に加わり、加盟国でユーロ導

---

34) Ibid.
35) https://ec.europa.eu/commission/sites/beta-political/files/roadmap-soteu-factsheet_en.pdf, accessed on 21 Dec. 2017.

図表 9-12　EU加盟国であることで自国が恩恵を得ていると考えるか否か

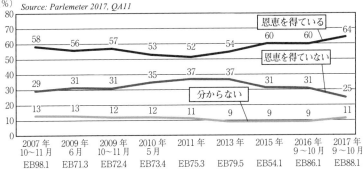

（出典）Eurobarometer（2017）Public confidence in the EU and its Parliament continues to grow EU wide（http://www.europarl.europa.eu/resources/library/images/20171017PHT86218/20171017PHT86218_original.jpg）.

入が必要。より強固な単一市場と経済通貨同盟（EMU）を築き、ユーログループ（ユーロ圏財務相会合）の統括を兼ねる欧州経済・財務相を任命。

2．政治・外交・安全保障・防衛面：テロリストや外国人戦闘員に関するデータを、諜報機関・警察の間で自動的に共有する欧州情報機関（European Intelligence Unit）を創設、2025年までに欧州防衛同盟（European Defense Union）の構築と欧州市民の保護を実現。

3．貿易・環境（気候変動対策）の分野でEUが世界のリーダーの役割を担当。

4．移民・難民問題への対応：EU理事会の意思決定・採決方式を全会一致から特定多数決へと移行し、迅速・効率化。

5．EU機構改革（より民主的なEUへ向けての改革案）：EUが一層民主的かつ機能的な組織となるための欧州委員会委員長職と欧州理事会常任議長職の統合案（'Spizenkandidaten'）と、政党助成金制度改革（反EU政党へ分配しない）案[36]。

---

36) https://ec.europa.eu/commission/state-union-2017_en, accessed on 21 Dec. 2017.

この第6のシナリオでは、EU の基本的価値である自由・平等・法の支配、社会的公正を基盤として「欧州社会基準同盟」を目指し、ソーシャル・ダンピングを防ぐ観点から、域内越境派遣労働者への対策や共通労働監督機関創設による EU 社会労働政策の強化を含む一層団結した民主的共同体の実現を訴えている。EU 理事会の意思決定には、通常決定手続の適用範囲を、現在全会一致で行われている税制分野の決定にまで拡大する機構改革を提案した。経済通貨同盟強化の観点から現行の「欧州安定メカニズム（ESM）」を「欧州通貨基金（EMF）」へと改組する。ユーロ圏独自の予算・議会設置は否定し、金融・経済担当委員を、ユーロ圏諸国議長を兼務する「欧州経済・財政相」のダブル・ハットの職とし、加盟国の経済危機への金融措置や構造改革を統括できるようにすべきだと提案した[37]。これはローマ宣言によって示された欧州理事会トゥスク常任議長のシナリオに対する牽制とも考えられる。また EU におけるトップの一本化や欧州議会選挙制度改革の提言からも、EU 機構改革を基調とするのが欧州委員会ユンカー委員長の主張といえる。

　これを受ける形で 2017 年 9 月 26 日マクロン仏大統領は、ソルヴォンヌ大学で「EU 改革案」について講演し、ユーロ圏共通予算の創設、EU 防衛協力強化など「欧州再建」案を提案した。さらにマクロン大統領が、9 月 29 日エストニア・タリン EU 首脳会議で Brexit や域内諸国ポピュリズムに対抗できる「EU 改革案」を提案して、EU 改革の重要性を強く訴えた。

　10 月 18 日欧州委員会は、テロの脅威から EU 市民を守る「保護する欧州」とユーロポールを含む対外政策の強化を打ち出した[38]。IMF の「グローバル化と不平等」（2007 年）のデータによれば、グローバル化が先進国の所得格差を広げたことを実証的に示している[39]。単一市場では、競争力の弱い諸国家が適応するために賃金抑制と社会保障費削減、労働市場の「柔

---

37) Ibid.
38) European Commission (2017), Brussels,18/10/2017,13:11, UNIQUE ID:171019-22, Press releases, EU News 224/2017.
39) IMF (2007), World Economic Outlook, Globalization and Equity, 2007, p.153. p.140. file:///C:/Users/Inava/AppData/Local/Package/Microsoft.MicrosoftEdge_8wekyb3d8bbwe/TempState/Downloads/_textpdf.pdf, accessed on 3 March 2018.

軟化」という国内政治的対応策をとらざるを得ず、その結果、各国で貧困や格差拡大が強く認識されるようになった。移民・難民流入危機やテロの頻発がこれに追い打ちをかけた。グローバル化やEU市場統合は、D. ロドリック（D. Rodrik）やW. シュトレーク（W. Streeck）が指摘するように、社会的公平性を犠牲にして市場的公平性を優先させ、「経済を脱民主主義化」するメカニズムとして機能し、これが反グローバリズム、反EU統合を訴えるポピュリスト政党が各国で台頭する一因となった[40]。しかし他方では、フランスの国政選挙では、反移民・難民を訴える排外主義的な極右政党の主張に対する有権者の拒絶反応も浮かび上がってきた。同様にドイツでもAfDが路線対立から指導部が不安定になるにつれ、有権者の多くが同党の主張に違和感を抱き、支持者が減る方向にあり、戦後ドイツが目指してきた民主主義的価値の重要性を再認識する有権者も増える傾向にあるといえる。

　単一市場と単一通貨が異なる論理と費用・便益の構造をもつことに鑑みれば、それぞれを別個に扱うのも改革の方向性となり得る。単一市場と単一通貨（ユーロ圏）にセットで参加する諸国には、単一通貨の維持コストを低減させるユーロ制度改革の方向も考えられる。

　欧州経済の環境が比較的良好な時期に、EUの制度改革が進む可能性も少なくない。EU改革のプロセスでは、EU統合深化に意欲的な国家群と統合に抵抗する国家群も生成されることも当然予想される。その場合、多速度統合（マルチスピード・ヨーロッパ）を許容し、政策分野ごとに所属する国家群が異なるいくつかの枠組みを形成し、漸進的にEU統合に参加することを許容する現実的かつ柔軟な改革の方向性も考えられよう。

4.　おわりに

　ユーロ危機に始まり、移民・難民危機、テロの脅威、所得格差の拡大と

---

[40] ヴォルフガング・シュトレーク（2016）『時間かせぎの資本主義』（鈴木直訳、みすず書房）159-60頁。ダニ・ロドリック（2014）『グローバリゼーション・パラドクス』（柴山佳太・大川良文訳、白水社）171-174頁。

いった事柄のすべてがBrexitとそれ以後の欧州政治情勢につながってきた。マクロン仏大統領が自らの『エマニュエル・マクロンによる革命[41]』で指摘するように、欧州統合の基本理念、プロジェクトの目的は、平和・繁栄・自由の確保にあり、「一国だけが支配することなく統合される[42]」連帯を通じたヨーロッパの平和と民主主義の構築にあった。しかし加盟国の数が増え、異なる目的や経済的利益、価値観をもつ28か国まで拡大したことによって共通認識も変容し、各国の思惑の違いから統合の在り方も揺らいできた。そこでEUの連帯を取り戻すためには、独仏首脳による「独仏協力」を基礎に、EU諸機関との連携強化によってEU改革を実行し、EUへの求心力を再強化することが喫緊の課題となる。最新のユーロバロメーター（Standard Eurobarometer 88, 2017）による世論調査では、EU共通移民政策への支持が69％に達し、反対は25％にとどまった。さらに28加盟国平均で、全体の70％がEU市民であると認識しており、57％がEUの将来を楽観的に捉えている。

　2018年6月2日メルケル首相は、「五つ星運動」と「同盟」の連立政権が発足したイタリアのコンテ新首相に祝意を伝え、ベルリンでの首脳会談を呼びかけた。また、メルケル首相は、欧州統合の深化の観点から、マクロン大統領のEU改革提案の一部に賛同し、銀行同盟や資本市場同盟構想も見据え、欧州委員会ユンカー委員長の第6の改革シナリオである既存のユーロ圏における欧州安定メカニズム（ESM）を「欧州通貨基金（EMF）」に改編して、債務危機に陥った国への支援を行うことにも賛意を表明している[43]。

　英国のEU離脱の教訓から、単一通貨には加わらず、単一市場のみに参加することも認め、「規模の経済」から利益を得る道も残す必要がある。G.マヨーネも指摘するように、「単一市場プロジェクトは、欧州懐疑主義的な諸国家の間でも幅広い支持を得ている[44]」ことを重視しつつ、「グロー

---

41) Macron Emmanuel (2016) *Révolution by Emmanuel Macron*, エマニュエル・マクロン (2018)『革命――仏大統領マクロンの思想と政策』（山本知子・松永りえ訳、ポプラ社）297頁。
42) マクロン・前掲注37) 298頁。
43) https://jp.reuters.com/article/italy-politics-eurozone-merkel-idJPKCN1J006, accessed on 4 June 2018.

バル化や地域統合にもかかわらず、国民国家は依然として死活的に重要であり、欧州統合はこの点を再認識することから始めなければならない[45]」。グローバル化を全面否定し、反グローバリズム、極端なナショナリズムや保護主義、自給自足体制の自国中心主義に陥ってもなんら問題の解決にはならない。金融資本主義のグローバル化によって、多国籍企業や投資家が極端な短期的利益を追求し、自己資本利益率（ROE）を偏重する傾向を強めた。企業が国家的規制、税負担やルールから解放されるにつれ、各国の民主主義は次第に形骸化し、危機に陥っていかざるを得なかった。金融資本主義の下でファンドやアクティビストが存在感を高め、一部の金融投機家が巨額の富を蓄積するにつれ、他方で多くの中産層は貧困化し、格差が拡大していった。米国流の株主資本主義と市場万能主義が結合した投機的金融資本市場では、バブルの形成と崩壊の繰り返しによって市場の不安定化と政治不安が常態化した。そこで企業が中長期的利益の観点に立ち、イノベーションにつながる研究開発や人的資源への投資が可能となるような持続可能で安定した経済成長を支える制度構築が要請される。

　近年、欧州委員会は、ポピュリズムの台頭やテロの脅威を受けて、市場創出型イノベーション（market creating innovation）を支援する観点から、「マルチ・ステークホルダー」アプローチの重要性を声高に叫ぶようになってきた。「CSRヨーロッパ」の活動もあり、企業は「社会の公器」であることに鑑みて、株主や経営陣の利益のみならず、従業員や顧客、取引先、地域社会、地球環境など社会全体の利益にも配慮した企業活動と利益配分の公平性への配慮も必要であることが認識されてきた。さらに地球公共財や国際公益に資する社会経済制度の設計・構築とグローバル・ガバナンスへの貢献が不可欠であることにようやく気付き始めたようである。

　グローバル化に伴う雇用不安、所得低下と格差拡大を、EUは「欧州2020[46]」成長戦略の下で「Horizon 2020[47]」（2014-2020年の7年間で770

---

44), 45) G. マヨーネ（2017）『欧州統合は行きすぎたのか・下』（庄司克宏訳、岩波書店）448頁。
46) Europe 2020 strategy: https://ec.europa.eu/info/business-economy-euro/economic-and-fiscal-policy-coordination/eu-economic-governance-monitoring-prevention-correction/european-semester/frame-work/europe-2020-strategy_en, accessed on 21 Dec. 2017.
47) https://ec.europa.eu/programmes/horizon2020/, accessed on 21 Dec. 2017.

億ユーロの研究開発資金助成）により、「イノベーション・ユニオン」や「デジタル・アジェンダ」を設定し、「セキュリティ・ユニオン」構築を目指している。日・EU の EPA のような開放型自由貿易経済体制を維持することで「分断された国民」を再統合し、加盟国の大多数の国民を豊かにできる経済的・社会的次元の方策を見出そうと試みている。2017 年のユーロバロメーターによる最新の世論調査結果では、自国が EU 加盟国であることから恩恵を受けていると考える EU 市民の割合は 64％となり、2016 年に比べ 4％も増加している。また EU 市民の欧州議会に対する支持も上昇する傾向にあり、欧州議会が、貧困と社会的排除（41％）、テロリズム（41％）、青少年失業（31％）などの分野で行動することに多くの EU 市民が強く期待している現実にも注目すべきであろう。

　他方で欧州統合の将来は、EU の国際制度と加盟国の国内制度との混合政体として「統御されたグローバリズム」あるいはジャック・サピール（Jacques Sapir）のいう「秩序ある脱グローバル化[48]」（デグロバリザシオン、脱世界化：デモンディザシオン）を模索していくことになるかもしれない。つまり国民の分断やポピュリズムの背景にある経済格差、社会的排除と貧困などの社会的次元の問題に各国が正面から取り組み、社会政策的課題に欧州レベルでも対処することが EU 改革の肝となる。これらの課題は、EU の新成長戦略とも相互に密接に関連しており、イノベーションによる雇用創出・経済成長・投資環境の変化に即応した社会的市場経済の再構築、社会の安全網確保と欧州統合の再活性化を模索する近未来のための EU 改革である。現在の危機を乗り越えるために、EU と加盟国が今後どのような協調的ガバナンスの仕組みを構築するのか、欧州統合の行方を決める本格的な改革論争が始まったといえよう。

（2018 年 6 月 6 日脱稿）

---

48) Jacques, Sapir（2011）*La démondialisation*, Editions du Seuil.

<参考文献>

- ヴォルフガング・シュトレーク（2016）『時間かせぎの資本主義――いつまで危機を先送りできるか』（鈴木直訳、みすず書房）。
- エマニュエル・マクロン（2018）『革命――仏大統領マクロンの思想』（山本知子・松永りえ訳、ポプラ社）。
- ダニ・ロドリック（2013）『グローバリゼーション・パラドクス：世界経済の未来を決める三つの道』（柴山桂太訳、白水社）。
- 福田耕治（2016）「EU/欧州福祉レジームにおける連帯と社会的包摂――『時間銀行』の社会実験を事例として」福田耕治編著『EUの連帯とリスクガバナンス』（成文堂）1-22頁、23-46頁。
- 福田耕治（2018）「グローバル・ガバナンスにおけるEUと国連」渡邊啓貴・福田耕治・首藤もと子編著『グローバル・ガバナンス学Ⅱ』（法律文化社）。
- 福田耕治編著（2016）『EU・欧州統合研究――Brexit以後の欧州ガバナンス』（成文堂）。
- G. マヨーネ（2018）『欧州統合は行き過ぎたのか [上] [下]』（庄司克宏監訳、岩波書店）。
- Council of the European Union (2017a) "The Rome Declaration, Press release", 149/17.
- Council of the European Union (2017b) "Speech by President Donald Tusk at the ceremony of the 60th anniversary of the Treaties of Rome", Speech, 154/17.
- European Commission (2017a) "Communication from the Commission to the European Parliament", the Available at: http://www.euractiv.com/section/iustice-home-affairs/news/tensions-srise-between-nisk-and-commission-over-inij^ration/.
- Euuopean Commission (2017b) Standard Eurobarometer 88 Autumn 2017.
- European Commission (2017c) "White Paper on the Future of Europe: reflection and scenarios for the EU27 by 2025".
- European Council (2017a) "Conclusions by the President of the European Council", Press release, 125/17. Eurostat (2017) "GDP up by 0.6 % in both

the Euro area and the EU28" 90/2017. Marini, Adelina (2017a) "Emmanuel Macron Put France Back into EU Driver's Seat" EUinside, Available at: http://www.euinside.eu/en/analvsgs/ macron-has-returneci-france-in-the-clrivers-seat-of-eu, accessed on 21 Dec. 2017.

- European Council (2017b) "European Council meeting (22 and 23 june 2017) – Conclusions", EUCO 8/17.
- Fukuda, Koji (2014) "The global economic crisis and the future of labor market policy regime : implications for economic governance in the European Union and Japan", H. Magara ed. (2014) *Economic Crises and Policy Regimes:The Dynamics of Policy Innovation and Paradigmatic Change*, E&E, pp. 314-336 (DOI:10.43379781782549925 00021).
- Fukuda, Koji (2015) "Accountability and the Governance of Food Safety Policy in the EU and Japan", Paul Bacon, Hartmut Mayer, et.al. eds (2015) *The European Union and Japan: A New Chapter in Civilian Power Cooperation?*, Ashgate, pp. 223-235.
- Fukuda, Koji (2016) "European Governance after the "Brexit" Shock: from the Japanese perspective", USJI Voice, Vol.18.
- Fukuda, Koji (2017) "Growth, Employment and Social Security Governance in the EU and Japan", *Policy Change under New Democratic Capitalism*, Routledge, pp.121-138.
- Fukuda, Koji, H. Magara ed. (2014) *Economic Crises and Policy Regimes: The Dynamics of Policy Innovation and Paradigmatic Change*, E&E.
- Fukuda, Koji and Yasue Fukuda (2016) "Pension Policy Regime and the Open Method of Coordination in the European Union", Social Science, Hannan University, Vol. 51, No.3.
- Marini, Adelina (2017b) "A Power Struggle in the EU" Euins｜de, Available at: http：//www.Euinside.Eu/en/news/a-bai：tle-for-power-in-the-EU , accessed on 21 Dec. 2017.
- Vincenti, Daniel (2017) "Van Rompuy: Juncker's single EU president idea 'cannot deliver' Euractiv, Available at: http://www.Euractjv.cQm/section/

future-EU/interview/van-rompuv-iunckers-singie-EU-President-idea-cannot-deliver/ (21-12-17).

おわりに

　Brexitをめぐる情勢は、日々激しく動いている。本書に収録された各論稿の中核部分は、2018年4～8月にかけて執筆されている。その当時は、英国とEUが、離脱に伴う諸問題を解決するための合意なしに離脱に至る、いわゆる「ハードBrexit」の可能性は低いと理解されており、英国とEUが脱退協定を締結することを前提に（「ソフトBrexit」）、英国離脱後の将来の両者間の関係につき、どのような内容の協定を締結するであろうかが、主な関心事であった。しかし、Brexit交渉の停滞から、徐々に雰囲気は変わり、特に2018年7月に英国政府が公表した「将来関係白書（離脱白書）」（将来の英国・EU関係の在り方に関する英国政府の提案）に対するEU側の対応が極めて厳しいものであったことから、情勢は大きく動き、本稿執筆時（2018年8月末）では、むしろ協定なしのハードBrexitの可能性が高まっているとの報道が多い。英国・一部のEU加盟国双方の政府が、ハードBrexitに備えた緊急対応策を準備中との報道は、その一例であり、そのような見方は、将来関係白書をめぐる重要閣僚の辞任によって明らかになった英国政府内の混乱、国民内部の意見対立によっても強化されており、仮に今秋、EU・英国間の離脱交渉が合意に達しても、英国国会は、それを承認しないだろうとも指摘されている。もっとも、報道は悲観論一色ではない。EU側の交渉官が、英国に対して「前例のないパートナーシップ」を提案する用意があると語ったと報じられると、途端にソフトBrexitへの期待が再燃する。言わば、世論も市場も、ジェットコースターに乗っているように、日々もたらされる情報に一喜一憂しているのが現状である。

　本書刊行時にBrexit交渉がどうなっているかは全く見通せない。この

ような時期に、Brexit 交渉の行方はいうに及ばす、英国の EU 離脱後の EU・英国関係につき確実な展望を語ることはできない。Brexit が生じる 2019 年 3 月末までに、さらに何が起きるかも誰にもわからない。脱退協定が締結されて順調に発効して、大きな混乱なく、更なる移行期間（2020 年末まで）に進んでいくのか、それとも、全ての関係がその時点で、一旦は断ち切られ、少なくとも短期的には、誰も経験したことのない、きわめて不安定で予測困難な状態が発生するのか、誰も明確な答えは持ち合わせていないはずである。

　そのため、本書は、まずは過去の事象である Brexit の要因分析に最も多くの紙面を割き、なぜ英国が EU 離脱を決定するに至ったのかを検討した。Brexit がなぜ生じたのかは、日本でも、主に政治学の観点から、多くの著作によって様々に論じられているが、本書の特徴は、Brexit を惹起した諸要因を、政治・経済・法律という異なる観点から多元的に分析したことにある。EU は、政治・経済・法律の諸要素が複雑に絡み合った包括的な越境的現象である。そうであれば、Brexit の要因の検討も、どれか一つの観点からだけでは、一面的な分析にしかならない。そこに、先行する多くの著作の分析に、新たな価値を付加する本書の価値がある。本書の諸論稿からの結論を総括しておくと、本書は、Brexit が生じた要因として、英国特有の要因が果たした役割は小さくないものの、他方で特殊英国的な要因のみによって Brexit が生じたわけではないという立場に到達している。Brexit に至る経緯は複雑であり、特に国民投票の実施には、英国の国内政治に由来する偶然が大きく作用しており、移民問題についても英国固有の事情を見出すことができるが、EU、特に EU の中核である単一市場の構造自体に Brexit に繋がる要因が内在していることにも留意しなければならない。加盟国の自己決定権がＥＵ加盟により強く制約されることは、英国に限った事情ではなく、全ての EU 加盟国に共通しており、その意味で、英国以外の加盟国でも、一定の条件が満たされた場合に、離脱に向けた動きが発生することは否定できない。そのような条件が満たされるかどうかは、今後の EU 自身の行動、特に EU 改革の方向性・その具体化にも影響される。もっとも、本書の執筆者は、Brexit が直ちに他の

加盟国の EU 離脱に波及するというシナリオには概ね否定的である。これからも、EU を批判し、EU 離脱も辞さないと主張する EU 懐疑派の政治勢力が、各加盟国で支持を集める可能性は否定できない。しかし、経済的には EU 離脱に合理性がないだけでなく、一旦、経済を統合し、単一市場の一部となった加盟国が、そこから円滑に離脱することは考えられていた以上に容易なことではない。英国は、ユーロへの不参加だけでなく、それ以外の面でも EU の単一市場に全面的に参加していたわけではなく、その意味では、もっとも容易に EU から離脱できる立場にあった加盟国である。その英国ですら、EU から離脱するためには、これだけ苦労しなければならないのである。そうであれば、他の加盟国、ましてユーロ圏の加盟国が、EU から離脱することは、実際には、より困難である。Brexit 交渉の推移を注視してきた多くの加盟国は、このことを学習したはずである。そうであれば、ナショナリズムの高揚を背景に、加盟国で EU 懐疑派の政党が支持を伸ばすことは十分考えられるが、それが直ちに新たな EU 離脱に繋がる事態は想定しにくい。但し、Brexit 後に、新たな EU 離脱が生じないとしても、それで EU が直面する問題が解決するわけではない。EU 離脱が生じないことは、EU が、現状のまま存続することを保障するわけではないからである。

　Brexit の要因分析に比して、Brexit 後の英国・EU 関係、EU 自体の将来像は、より関心の高いテーマであるが、これらの検討は、情勢の流動性から予備的な内容に留まらざるを得なかった。本書は、これらの課題については、現時点までに明らかになった事項を確認するとともに、今後の Brexit 交渉の推移と将来の EU 改革の方向性を読み解く視点を提供している。Brexit 交渉は間もなく、ハード Brexit を含めて、一定の結論に到達するであろうが、それは、本書が明らかにした選択肢のいずれかを選択するものにならざるを得ない。また EU では、Brexit を受け止めて、自己改革の議論が始まっている。EU 改革には、欧州委員会だけでなく、加盟国の意向が決定的に重要である。EU 改革の方向性について、現時点で加盟国間にコンセンサスはないものの、コンセンサスの欠如の結果としての現状維持を含めて、やはり本書が指摘した選択肢のいずれかが選択されるこ

とになろう。なお、21世紀政策研究所「英国のEU離脱とEUの将来展望」研究会は、本書第2部のテーマの検討を継続しており、Brexit後の英国・EU関係、EU自体の将来像については、許されれば、本書の続編において、我々の研究成果を公表したいと考えている。

　本書の基になった研究は、ヨーロッパにおけるビジネスに従事されている日本企業関係者の問題意識に応え、日本企業のヨーロッパ戦略の策定に有用な示唆を提供することを主目的として実施された。しかし、その成果は、企業関係者だけでなく、ヨーロッパまたはEUに関心を有する多くの方の問題意識にも応えられたのではないかと思っている。ヨーロッパ・EUは、グローバル・ガバナンスを担うシステムの不可欠な一部である。したがって、ヨーロッパ・EUにおける重要な変化の影響は、日本を取り巻く諸状況にも作用せざるを得ない。Brexitにより、EU・アメリカ、EU・中国またはロシア関係はどのように変化し、その変化に対応するために、日本の立ち位置は、どう変化すべきであるのか。このような課題への回答も、続編において明らかにしたいと思っている。

編者を代表して　須網 隆夫